대통령 선택
세종에게 묻다

이주철

대통령 선택 세종에게 묻다

초판인쇄 2025년 04월 03일
초판발행 2025년 04월 08일
저　　자 이주철
발 행 인 권호순
발 행 처 시간의물레
등　　록 2004년 6월 5일
주　　소 경기도 파주시 숲속노을로 150, 708-701
전　　화 031-945-3867
팩　　스 031-945-3868
전자우편 timeofr@naver.com
블 로 그 http://blog.naver.com/mulretime
홈페이지 http://www.mulretime.com
I S B N 978-89-6511-488-8 (03340)
정　　가 16,800원

* 이 책의 저작권은 저자에게 출판권은 시간의물레에 있습니다.
* 잘못된 책은 바꿔드립니다.

대통령 선택
세종에게 묻다

머리말

왜 지금 다시 세종인가

우리 앞에 중요한 선택의 과제가 놓였다. 짧은 4~5년을 위한 선택이지만, 동시에 우리의 미래 수십 년에 중요한 영향을 줄 대통령 선거이다. 특히 지금은 미중 패권경쟁으로 국제관계가 엄중한 상황이고, 한국경제가 발전과 정체의 교차점에 처해 있다.

평화롭고 모든 것이 순탄할 때는 앞만 보고 달린다. 그러던 중 뭔가에 어려움이 닥치면 뒤를 돌아다보고, 반성하고 역사의 교훈을 찾는다. 대통령 선거에서 우리의 선택에 도움을 줄 역사의 인물을 찾게 되면, 자연스럽게 세종대왕이 눈앞에 온다.

세종은 21세에 형 대신 세자가 되고 왕이 되었다. 25세에 아버지 태종이 세상을 떠나고 단독 권력이 되었다. 왕조체제에서 왕이 되기는 어려운 일이 아니다. 그러나 훌륭한 왕이 되는 것은 매우 어려운 일이다. 조선조 왕 중에 우리가 왕의 업적이 있었다고 평가하는 사람이 몇이나 되는가? 미국의 대통령도 마찬가지라고 한다. 지금까지 미국 대통령 47명 중에서 미국인들이 쉽게 기억하는 사람은 10명이 안 된다고 한다.

기억이 쉽게 나는 인물은 건국 관련 인물, 그 외에는 전쟁이나 위기에서 극복한 인물이나 고난에 빠트린 인물이 기억에 남는다고 한다. 그리고 보면 좋은 왕이나, 훌륭한 대통령으로 역사에 남는 것은 아무나 되는 것이 아니다. 그야말로 인간에게 가장 고통스러운 기억인 전쟁에 못지않은 커다란 업적이 있어야 역사 속에 존경받는 인물이 된다.

그런 인물이 한국 역사에 있는데 그가 세종이다. 그는 당대에도 백성들을 편안하게 한 임금이었지만, 600년이 지나는 지금도 기억되고 존경받는 인물이다. 인품이면 인품, 능력이면 능력, 최고 지도자로서의 경륜의 모범을 보였다. 평화를 지켰고, 산업을 발전시켰다. 백성들을 평화롭고 배고프지 않게 했고, 그들의 질병을 고치고 권력의 횡포에서 사람의 권리를 지킬 수 있도록 노력했다. 과학기술을 발전시키고, 백성들을 교육하여 주인이 되게 하려 했다. 지금의 열린사회처럼 비판을 허용하고, 역사의 교훈을 소중히 하였다.

세종같은 대통령이
필요한 시대

지금 대한민국은 정부 수립후 80년을 향해 가고 있다. 그동안 많은 어려운 일이 있었고, 견딜 수 없는 전쟁의 고난도 있었다. 그러나 지금 단군 이래 처음 보는 경제와 민주주의의 발전을 맞이했고, 문화 한국의 이름을 세계인이 노래하고 있다. 그러나 지금 이러한 한국의 민주주의와 경제가 정점에 온 것이 아닌가 하는 우려와 위기감이 우리를 감싸고 있다. 정치 권력은 싸움을 그치지 않고 있고, 여기에 상당수의 국민이 동원되거나 참여하여 정치적, 심리적 갈등이 확산되고 있다.

합리적인 정책 논의와 입법은 뒤로 밀리고, 정치 권력의 다툼이 계속된다. 이 사이에 국가의 정책은 발전적인 방향을 잡지 못하고, 기업들은 국제적인 경쟁 속에서 힘을 잃을 위기를 겪고 있다. 경제와 기업이 흔들리는 상황은 이제 곧 평범한 시민의 삶을 흔들 수 있다. 이 어려움을 수습하고, 국민의 뜻을 모으고, 정당 간의 합리적 타협을 끌어낼 수 있는 존경받는 대통령이 필요한 시점이다.

지금의 심각한 갈등 국면에서는 아무나 이 일을 해낼 수 없다. 국민의 존중이 없으면, 이 일을 해낼 수 없다. 존경받는 인물이 아니면 좋은 인재의 참여와 국민의 화합을 끌어낼 수 없다. 세종처럼 좋은 성품과 탁월한 경륜을 가진 인물이 필요하다. 지금 다시 세종을 보자! 이것이 그나마 우리의 선택이 실수를 적게 하는 일이 아닌가 하는 생각이다. 역사의 교훈은 우리에게 큰 도움이 된다.

이 글은 세종에 대한 이야기이다.

모두가 이미 대략은 알고 있는 세종의 삶을 다시 생각해 보고자 한다. 세종이 어떻게 정치에 성공했는가를 본다면, 독자들은 어떤 선택이 더 성공적인 대한민국을 위해 도움이 될 것인가에 대한 생각에 도움을 받을 수 있을 것이다.

우리의 자녀들에게 평화롭고 아름다운 미래를 물려주기 위해 우리 국민이 먼저 세종처럼 생각하는 사람이 되자. 세종의 생각으로 대통령을 선택해보자.

차례

머리말 - 왜 지금 다시 세종인가 ⋯ 004

1장
세종이 꿈꾸던 나라

1. 우리의 1차 목표 국가는 프랑스 ⋯ 013
2. 미중 패권 경쟁과 한국의 선택 ⋯ 017
3. 혁명의 민족에서 이성의 시민으로 ⋯ 022
4. 한국 정치 – 노무현의 문제 제기 ⋯ 026

2장
세종: 성공하는 품성

1. 인자하고 현명한 왕 ⋯ 033
2. 재정을 소중히 여긴 검소한 왕 ⋯ 039
3. 용서할 줄 아는 왕 ⋯ 045
4. 비판을 허용하고 권력을 나눈 왕 ⋯ 050
5. 역사의 교훈을 실천한 왕 ⋯ 058
6. 친인척 관리에 노력한 왕 ⋯ 065

3장

세종: 정책의 성공

1. 전쟁을 막고 국민을 지키다 ··· 075
2. 정치세력 간 갈등 조정을 잘하다 ··· 088
3. 과학기술로 경제발전에 노력하다 ··· 097
4. 교육으로 국민을 도전하게 하다 ··· 105
5. 과학과 학문을 발전시키다 ··· 113
6. 인권과 생명 지키기에 노력하다 ··· 129

4장

세종의 관점으로 보는 한국 대통령 BIG 4

한국 대통령 80년사 개요

1. 이승만(1948.7~1960.5 대통령) ··· 148
2. 박정희(1963.12~1979.10 대통령) ··· 155
3. 김영삼(1993.2~1998.2 대통령) ··· 165
4. 김대중(1998.2~2003.2 대통령) ··· 173

맺음말 - 세종처럼 생각하는 한국인 ··· 186

부록

한국 대통령 4인의 활동과 평가 ··· 192
대북정책에 대한 국민 여론 ··· 232
세종 주요 연표 ··· 238

1장

세종이 꿈꾸던 나라

대통령 선택 세종에게 묻다

1. 우리의 1차 목표 국가는 프랑스
2. 미중 패권 경쟁과 한국의 선택
3. 혁명의 민족에서 이성의 시민으로
4. 한국 정치 – 노무현의 문제 제기

01

우리의 1차 목표
국가는 프랑스

**유럽엔 프랑스,
아시아태평양엔 한국!**

프랑스를 생각하면 어떤 이미지가 떠오르는가? 에펠탑, 루브르 박물관, 혁명의 나라? 그런데 한국과 프랑스는 의외로 닮은 부분이 많다. 인구와 경제력은 프랑스가 더 많고 크지만, 유럽에서 한국을 비교할 만한 나라는 프랑스이다. 한국과 프랑스는 외세의 침략과 내부 갈등을 겪은 역사도 비슷한 것이 있고, 예술과 문화, 교육을 중요하게 생각하는 것도 닮은 부분이 있다. 독자적인 문화를 강하게 지키면서도 세계 무대에서 영향력을 넓혀온 점도 비슷하다. 한때 '변방'으로 여겨졌던 한국이 이제는 프랑스와 나란히 비교될 정도로 성장했다는 것 자체가 의미 있는 변화다.

역사의 굴곡,
프랑스와 한국

영국, 프랑스, 미국에서는 18세기를 전후하여 왕정에서 벗어나 공화정을 이루었다. 영국에서는 청교도혁명과 명예혁명의 역사가 있었다. 프랑스에서는 1789년 프랑스혁명과 로베스피에르의 공포정치를 겪고, 나폴레옹의 왕정과 공화정을 반복하며 역사를 발전시켰다.

같은 시기의 한반도는 어땠을까? 정조가 개혁을 시도하고 실학이 꽃피었지만, 조선은 여전히 봉건왕조체제를 벗어나지 못했다. 결국 1910년 일제의 식민지가 되었고, 35년간 독립운동의 역사가 있었다. 일제 식민지로 전쟁에 동원되었다가, 제2차세계대전의 종전과 함께 남북한의 분단을 맞았다. 1950년에는 6.25 전쟁을 겪었고, 그 이후 분단은 70년 이상 계속되고 있다.

나폴레옹 등장 이후 제2차 세계대전에 이르는 시기까지 프랑스 국민이 겪은 전쟁과 고통을 한반도의 사람들은 20세기에 압축적으로 겪은 셈이다. 그러나 놀라운 점은, 한국인이 이 모든 혼란을 뚫고 빠르게 성장해왔다는 것이다.

100년 만에 따라잡은 민주주의와 산업화

유럽이 약 200년에 걸쳐 이루어 온 민주화와 산업화의 과정을 한국은 지난 100여 년 동안에 만들어왔다. 1960년대 이후 경제개발정책을 적극적으로 추진하던 남한은 1990년대 이후 중국의 개혁개방으로 또 한 번 경제성장에 탄력을 받았다.

경제성장과 더불어 한국은 독재권력을 청산하고, 민주화를 이루어 냈다. 2023년 한국경제는 세계 10위권에 도달하였다. 지금 다양한 제조업 분야에서 상당한 경쟁력을 가지고 있다. K-pop의 인기와 더불어 K-컬쳐는 세계인의 뜨거운 호응과 관심을 받고 있다. 이제 한국은 글로벌 경제와 정치의 중심에서 중요한 역할을 할 수 있는 나라가 되었다. 이제 유럽의 중심인 정치경제문화의 선진국, 프랑스를 우리의 1차 목표로 뛰어넘어 보자!

프랑스

- 인구 : 약 6700만 명, 1인당 GDP 47,000달러
- 대통령제(5년 임기, 1회 연임 가능), 시민의 정치 참여 전통
- 복지국가: 의료보험, 실업보험, 연금제도 등
- 교육: 공교육 선진국
- 문화예술: 루브르박물관 등 1200개의 박물관, 칸영화제, FIFA월드컵 2회 우승, LVMH, 유네스코세계유산 등재 42곳, 전세계 약 1천 개의 문화센터
- 외교·군사: UN안전보장이사회 상임이사국, NATO회원국, 핵무기 보유, 전투기 수출국가
- 기업: 르노자동차, 사노피(제약), Airbus
- 문화산업: 영화, 음악, 출판, 패션, Arts, 게임 등 발전
- 관광대국: 전세계 1억 명의 관광객 방문
- 문학가·철학가·미술가·음악가: 빅토르 위고, 마르셀 프루스트, 알베르 카뮈, 장-폴 사라트르, 미셸 푸코, 모네, 마티스, 쇠라, 드뷔시, 라벨

02

미중 패권 경쟁과
한국의 선택

강대국이 된 중국,
그리고 미국과의 충돌

세계 경제를 주도하는 나라 하면 미국이 떠오르지만, 이제는 중국이 미국에 도전하고 있다. 미중관계가 공존과 협력의 틀이 깨지고, 국가 역량의 모든 부분에서 패권경쟁으로 돌입하고 있다. 미국의 중국에 대한 제재 강화에도 불구하고, 이미 중국은 강대한 소비시장 등 자립적인 경제성장 구조를 상당히 구축한 상황이다. 국제사회의 모든 나라가, 심지어는 미국조차도, 중국과의 협력관계가 필요하다.

시진핑 등장 이후 공산당 독재권력이 강화되고 있다. 시진핑 체제는 마오쩌둥 시대의 이념과 통치방식이 재현되고 있는데,

개혁개방 이후 금지되었던 개인숭배까지 나타나고 있다. 내부적으로 중화민족주의를 고취하며, 강대해진 경제력과 군사력으로 주변국을 위협하고 있다. 첨단 과학정보기술을 정치와 사회 통제에까지 적용하면서 사회 전체에 대한 장악력을 높이고 있다. 결국은 갈 방향이지만, 중국이 개방사회, 민주국가로 변하는 데 시간이 필요하다.

한국경제 최대 위협으로 등장한 중국

개혁개방 이후 약 30년 후인 2009년에 중국은 세계 자동차 생산 1위, 무역 규모 1위 국가가 되었다. 2012년에는 마침내 국내총생산(GDP) 세계 2위 국가가 되었고, 2015년에는 로봇 공학, 항공우주, 바이오 의료, 고급 기계 및 정보통신 기술 등 10대 산업 분야의 중점적 육성을 추진했다. 인공지능(AI), 빅데이터, IoT(사물인터넷) 등 최신 기술을 활용하고, 이를 위해 높은 기술력을 가진 인재 양성 계획도 강력하게 추진하였다.

중국은 전자제품, 섬유산업, 태양광 등 모든 산업에서 한국의 강력한 경쟁국이 되었으며, 전기자동차, 2차전지에서 강한 경쟁력을 가지고 있다. 필요하면 다른 기업의 특허기술도 무시하고 사용하였다. 최근에는 국가의 막대한 지원을 바탕으로 반도체와 바이오 산업이 급성장하고 있어서 한국에 심각한 위협이 되고 있다. 신산업을 포함한 모두 부문에서 모든 선진국들이 중국 제조업의 위협을 받고 있는 상황이다. 한국의 경우, 중국의 주요 수출대상국인 미국과 유럽 시장에서의 경쟁이 치열하다. 특히 반도체 산업의 급속한 성장은 한국을 추월하면서 심각한 위협이 되고 있다.

지금 중국은 과학기술 분야에서 세계 2위의 강국이 되었고, 인공지능(AI), 양자컴퓨터, 우주항공, BIO 분야에서도 선도국가가 되었다. 미국의 제재에도 불구하고, 중국은 미국 등 해외 유학 후 돌아온 과학 인력, 외국의 첨단산업 기술 인력 유치, 정부의 막대한 연구개발 지원금 등을 통해 선진국의 기술 장벽을 뛰어넘고 있다. 그나마 시간을 벌어주는 것은 시진핑의 통제적인 경제 정책과 중국 기업에 대한 경쟁력을 상실한 외국 투자자본의 중국 이탈이다.

G2 사이 한국의 선택은 논리상으로는 명료하면서도, 국익을 위한 구체적 실행은 복잡하고 어렵다. 중국과의 경쟁을 넘어서지 못하면, 미래는 예상보다 더 어려워질 수 있다.

온 국민이 함께 춤추는 개방된 한국을 만들면
- 인공지능(AI) 시대는 한국에 기회

과거 중국의 급속한 성장은 인해전술적 측면이 있다. 인구라는 자원을 무기로 삼아 대규모 생산과 저임금 노동력을 앞세운 전략이었다. 하지만 AI 시대는 다르다. 이제는 단순한 인력의 양이 아니라, 인공지능을 얼마나 효과적으로 활용하느냐가 경쟁력을 결정짓는다. 최선의 상황은 많은 인재가 AI와 협력하는 것이다. AI와 협력하면 생산성과 창의성을 극대화할 수 있는 시대가 왔다.

이런 변화는 한국에게 기회가 될 수 있다. 인구 감소와 고령화로 인해 노동력이 줄어들고 있지만, AI를 적극적으로 도입하면 오히려 더 높은 효율과 혁신을 만들어낼 수 있다. 예전에는 '많은 사람이 긴 시간 일해야 하는' 산업 구조가 경쟁력을 좌우했다면, 이제는 '좋은 인재가 더 스마트하게 일하는' 방식이 승부를 가른다. 여기에 매년 100만 명의 이공대 졸업생을 배출하는 인도와 같은 나라와 강력하게 협력하면, AI는 한국경제가 한계를 돌파할 수 있는 강력한 도구가 될 것이다.

물론 지금 한국이 처한 국제 경쟁 환경은 만만치 않다. 하지만 개방된 국제사회와 협력하고, AI 기술을 빠르게 활용한다면 중국과 경쟁할 수 있다. 관건은 한국 사회가 얼마나 빠르게 변화에 적응하고, AI를 중심으로 국가적 에너지를 모아낼 수 있느냐다.

이러한 중요한 전환점에서 정치가 발목을 잡아서는 안 된다. 내부 갈등과 권력 다툼에 빠져 있을 시간이 없다. 이제는 우리 사회가 힘을 모으고, 미래를 위한 전략적 선택을 해야 할 때다. AI 시대는 단순한 기술 혁신이 아니라, 국가의 생존과 도약을 결정하는 전환점이 될 것이다.

지금이야말로 '누가 권력을 가질 것인가'가 아니라, '어떻게 미래를 준비할 것인가'를 고민해야 하는 순간이다. 얼마나 많은 에너지를 우리 사회가 모을 수 있는가, 어떤 대통령이 우리를 통합의 한마당으로 끌어낼 수 있는가가 한국의 미래를 결정할 수 있다.

지금은 권력 다툼에 몰두하는 정치에 시민들이 빠져 들어서는 안되는 중요한 전환기이다. 대통령보다 시민들이 먼저 중도적이고 합리적 선택으로 나라의 길을 열어야 한다.

세종처럼 생각하는 국민이 세종같은 대통령을 만든다.

03

혁명의 민족에서
이성의 시민으로

**정의의 피가
뜨거운 한국인**

　한국인에게는 정의의 뜨거운 피가 흐른다. 왜적이 침입해 왔을 때, 조선에는 관군보다 힘이 쎈 민병과 의병이 있었다. 바다에는 이순신장군, 육지에는 수많은 의병! 일제에 나라를 빼앗긴 후에는, 중국 대륙을 뛰어다닌 독립 영웅들이 있었다. 해방 후에는 4.19운동, 부마민주항쟁과 광주민주화운동, 6월항쟁 등 뜨거운 피와 정의가 흐르는 한국인들의 심성이 있었다. 그 힘으로 오늘날 한국의 민주화와 경제발전이 이루어졌다.

정치의 갈등,
한국을 분열시키다

현단계 한국 사회에서 부딪치는 사회 갈등과 대립 중에서 직접적이고 큰 우려를 낳는 문제는 정치세력 간의 갈등이다. 지금 나타나고 있는 정치세력 - 정당과 연결된 갈등은 국가 정책과 모든 영역에 막대한 영향을 끼치는 최상단의 투쟁이라는 점에서 심각한 문제가 있다. 이들의 대립은 국민의 다수를 대립으로 끌어들이고, 극단적 세력을 만들어내면서 사회 전체를 충돌시킨다.

즉 정당이 논제를 해결하고 통합하는 것이 아니라, 국민 전체로 싸움을 확산함으로써 국가가 당면한 의제의 해결을 무력화하거나, 중단시킨다. 그럼으로써 사회 발전 대신 대립을 반복시키는 병리적 단계로까지 악화된다. 정치적 논쟁으로 번지면, 본질적인 해결은 잊혀지고 '우리 편 vs. 저쪽 편'의 구도로 변질되기 쉽다. '중도적 해결'은 점점 어려워지고, 타협보다는 대립이 당연한 문화가 되어버린다.

정쟁에 빠진 한국정치

논쟁이 되는 대부분의 사건들은 정당이나 정치세력이 가담하면서 복잡해지고 여론을 더욱 분열 갈등시켰다. 충분한 설득에 성공하지 못한 정치 권력에 1차적 책임이 있지만, 이 일들을 정치적으로 접근하는 정당에도 큰 책임이 있다. 과학과 이성으로 해결책을 모색했어야 할 일들이 거리의 시위로 연결되고 극심한 여론의 분열을 만들었다.

대규모의 인원이 동원되거나 자발적으로 모인 집회들은 쟁점이 정리된 이후에도 후유증을 남기는 특징이 있다. 이런 일들은 동원 또는 자발적 참여자들의 적극성이 중요한 특징이어서, 또 다른 문제가 발생하면 같은 행동이 반복된다. 그리고 집단적으로 행동을 했기 때문에, 반성이 적고, 참여에 대한 정당성을 위장하는 면역현상이 나타난다. 더불어 적극적인 참여자는 공론의 토론장 등에서 타협적인 해결책에 반대하는 등 중도적 해결책을 수용하지 않으며 주변에 영향을 준다.

국가와 정당의
민주주의가 답이다

　이런 점에서 정치세력-정당의 역할은 통합의 최상위층에서 사회적 타협 달성에 대단히 중요하다. 결국 한국 사회의 갈등은 정당, 정치세력에 달려 있다. 그런데 최근의 사회현상은 전세계적으로 정치세력의 양극화와 극단화 현상이 나타나고 있다고 한다. 동시에 민주주의에 대한 우려와 회의마저 제기되고 있다. 결국 정치권이 이러한 극단화에서 벗어나기 위한 자정적 노력을 해야 하고, 유권자들은 투표를 통한 심판이라는 쉽지 않은 해결책에 노력해야 한다. 결국은 이것도 국가와 정당의 민주주의 문제일 수 있다. 정당의 민주주의 발전에 한국민주주의의 성패가 달려 있다.

04

한국 정치
- 노무현의 문제 제기

노무현이 던진 질문:
과연 국민을 위한 정치일까?

2004년 3월 국회에서 선거 중립의무 위반을 이유로 노무현 대통령 탄핵 소추안이 가결되었다. 서울을 중심으로 전국에서 탄핵에 반대하는 촛불집회가 일어났고, 4월 17대 총선에서 열린우리당이 탄핵 역풍 덕으로 152석 제1당이 되었다. 5월에 헌법재판소는 노무현 대통령 탄핵 심판 사건을 기각했다.

노무현은 국회의 탄핵과 장관 해임 건의, 정책 입법 지연이나 실패 등을 겪으면서, 행정 권력과 의회 권력의 구조적 충돌 반복이 국민을 위해 바람직한가라는 문제를 심각하게 고민하였다. "대통령과 국회가 이렇게 끝없는 싸움을 반복하는 것이 과연 국민을 위한 정치일까?"

아래에 요약한 내용은 노무현 정권 말기에 대통령 비서실에서 노무현의 생각을 정리하여 발간한 책에서 정리한 내용이다. 주된 내용은 거의 지금 한국정치 현실과 크게 다르지 않다. 한국 정치의 문제가 구조화 되고 있다는 의미이다.

- ※ 국민이 좋아하는 것이 국민에게 이익이 된다고 생각하는 것이 보통이지만, 국민의 단기적 선호에 맞추다 보면 장기적으로는 국민에게 큰 불이익이 되는 경우도 많다(남미국가의 포퓰리즘이 장기적으로 국가 경쟁력 약화 초래).
- ※ 정부여당 대 야당의 경쟁적 정치구조 극복이 필요하다. 여당은 결정은 하지만 관용과 절제를 해야 하고, 야당은 반대는 하지만 다수에 승복해야 한다.
- ※ 여소야대가 되면 책임지지 않는 권력이 다수가 되면서 결정이 지체된다. 대통령의 민생개혁 법률 제정과 인사권이 제약된다.
- ※ 대결의 정치 문화는 정치 위기를 부채질한다. 국가 과제와 민생법은 당리당략에 의해 지체되고, 그 피해는 국민에게 돌아간다.
- ※ 한미FTA를 추진하고 타결시키는 정권이 반미정권, 좌파정권이라고 공격받았다. 진보진영에서는 대미굴욕, 매국정권이라고 비난하였는데, 이것은 좌파우파의 문제가 아니라 타협이 없는 대결적 극단주의이다.
- ※ 1987년 대선에서 민주화 세력이 분열하면서 지역감정을 동원한 지역주의 정치가 더 강해졌다. 해당 지역 내에서는 경쟁의 원리가 사라지고 대화와 타협이 어려워지고 국민통합을 방해한다.

※ 합법적인 통치행위에 대해 무책임한 정치공세를 가하는 것은 책임정치에 대한 중대한 훼손이다.

※ 민주주의는 법적, 역사적, 도덕적 정통성으로 유지된다. 지도자의 자격은 특권을 배제하는 높은 도덕성이 중요하다.

출처 : 참여정부 대통령 비서실, 『노무현, 한국정치 이의있습니다』, 역사비평사, 2009년판.

세종이라면,
한국의 미래를 열어갈 수 있을까

한국 사회는 짧은 시간에 민주주의와 경제발전을 이루었다. 여기에는 한국인들의 세계 최고수준의 교육이 중요한 힘이 되었고, 주변 민주주의 국가와 경제 대국들이 힘이 되었다. 하지만 세상이 변했다. 한국에 유리한 환경이었던 경제 대국 미국이 미국우선주의를 내세우는 상황이 되었다. 한국에 경제력에 맞는 기여와 그 이상의 대가를 요구하고 있다. 일본은 한국에 대해 식민지 지배에 대한 반성 대신 한국을 경쟁자로 인식하고 있다.

이제 한국은 협력자들이 경쟁자로 변한 현실을 직면하고 있다. 여기에 기존의 경제적 협력국이었던 중국, 러시아가 한국에 대립적 정책을 내세우고 있고, 북한과의 관계도 단절되고 있다.

이제 한국은 이전처럼 단순한 우방은 없다. 모두가 경쟁자이거나, 모두가 한국에 대가를 요구하고 있다. 이러한 급변한 위기적 환경에도 불구하고, 한국의 정치적 갈등은 더욱 격화되고 있다.

정의롭고 뜨거운 피가 오늘의 발전된 한국을 만들었다. 지금 우리가 맞닥뜨린 시대적 과제는 과거보다 더 복잡하고 예측 불가능하다. 이제 정의롭고 뜨거운 이성으로 자유롭고 협력적인 사회 기반을 만들어야 한다. 포용적이고 통합적인 대통령, 세종과 같은 인물이라면, 우리의 문제 해결에 좀 더 가까이 갈 수 있다는 생각이다.

세종이라면 이 상황을 어떻게 풀어갔을까?

"

수신 제가 修身齊家

좋은 품성은

좋은 정책을 성공시킨다

"

2장

세종:
성공하는
품성

대통령 선택 세종에게 묻다

1. 인자하고 현명한 왕
2. 재정을 소중히 여긴 검소한 왕
3. 용서할 줄 아는 왕
4. 비판을 허용하고 권력을 나눈 왕
5. 역사의 교훈을 실천한 왕
6. 친인척 관리에 노력한 왕

· 01 ·

인자하고
현명한 왕

유교사회에서 사람의 성장 목표는 '수신 제가 치국 평천하'이다. 나라를 다스리거나 커다란 세상일의 근본은 자기 자신의 수양과 가정의 관리에서 시작된다는 뜻이다.

한국은 민주주의 국가로서 자유롭고 공정한 투표를 통해 대통령을 선출한다. 이 과정에서 선거에 출마하는 후보는 거의 모든 것을 밝히거나 폭로되는 일을 겪는다. 따라서 오랜 검증기간 동안 수많은 매스컴 등을 통해 인품과 능력, 경력 등을 검증 받는다. 품성 좋은 대통령이라야 내부의 화합과 안정을 도출하여 국가 발전을 도모할 수 있다.

왕이 다스리던 시대에는 어땠을까? 절대 권력을 가진 왕은 국민의 선택을 받지 않았다. 좋고 나쁜 왕의 차이는 분명히 존재했다. 그 차이를 만든 것은 무엇일까?

신하들의 추대를 받은
어진 성품의 세종

세종은 아버지 태종이 왕이었지만 위로 두 형이 있었기 때문에 왕이 될 것으로 예상된 인물은 아니었다. 태종은 여러 형제와의 싸움을 이겨내고 왕이 되었지만, 자신처럼 피를 흘리는 왕위계승을 원치 않았다. 그래서 일찍부터 큰아들인 양녕대군을 다음 왕이 될 세자로 정했다.

세종에게는 큰형인 양녕대군과 둘째 형인 효령대군이 있었다. 그런데 11살에 세자가 되었던 양녕대군은 성장하면서 여러 가지 크고 작은 사고를 반복적으로 일으켰다. 1418년 6월 의정부, 삼공신, 육조 등의 신료들이 양녕대군 세자 폐위 상소를 올렸다. 그 결과 세자가 된 지 14년 만에 직위를 박탈당했다. 태종은 충녕대군을 세자를 삼았고, 그 후 두 달 만에 세종은 왕이 되었다.

세종이 갑작스럽게 세자가 되고 왕이 될 수 있었던 것은 양녕대군의 과실로 인한 우연한 사고의 측면이 있다. 하지만 세종이 그동안 왕이 되기에 충분한 총명함이 있었고, 학문에 힘써 왔기 때문에 가능한 일이었다. 세종이 양녕대군을 몰아내고 왕이 되고자 준비하였던 것은 아니지만, 세종의 어진 성품이 영의정, 좌의정 등 15명의 신하들로 하여금 세자로 추대할 수 있게 하였다.

세종의 좋은 성품은 타고난 것이라는 평가가 있다. 이러한 평가가 당대부터 있었던 것은 그만큼 그의 성품이 좋았다는 뜻일 수 있다. 하지만 세종의 성품을 단순하게 타고난 것이라고 평가하는 것은 부적절할 수 있다. 왜냐하면 그의 학문에 대한 열정이 대단했기 때문이다. 즉 그의 성품은 후천적으로 잘 교양된 측면이 있다. 세종은 독서를 통해 올바른 사람이 되는 길을 공부했다. 심지어는 몸이 아플 때도 잠시도 책을 손에서 놓을 줄을 몰랐다고 한다.

준비된 인물
세종

조선왕조실록에 의하면 태종 15년에 의령 부원군 남재가 '군왕의 아들이 누가 임금이 되지 못하겠습니까?'라고 충녕대군에게 말했다는 기록이 있는 것을 보면, 세종의 마음속에 미래의 왕에 대한 꿈이 있었을 가능성도 있다.

또 태종이 충녕대군을 평가하여 "용맹하지 못한 듯하나, 큰일에 임하여 크게 의심나는 일을 결단하는 데에는 당세에 더불어 견줄 사람이 없다"고 한 것을 보면, 태종의 세종에 대한 기대감이 특별하였음을 알 수 있다.

"충녕대군이 어질어서 중외에서 마음이 쏠린다"(태종 17년)는 기록이 있고, 세자에서 폐위되면서 양녕대군이 "옛날에 자리를 사양하겠다는 청(請)과 충녕을 두터이 사랑한다는 말은 신이 아뢴 것이다"라고 했다는 기록을 보면 이미 준비된 인물이었음을 알 수 있다.

갑작스럽게 왕이 되었지만, 세종이 우리 역사에서 가장 훌륭한 왕으로 기록될 수 있었던 것은 그의 태생적 총명함과 효성스럽고, 우애하는 성품, 청소년기를 성실하게 공부하였던 것이 중요한 힘이 되었다. 세종은 여러 가지 능력을 가진 사람이었다. 그런데 그 중에서도 그가 훌륭한 왕이 될 수 있게 한 것은 그의 학문에 대한 관심이라는 평가가 매우 많다.

세종은 가장 기본인 유학을 비롯하여 중국과 우리 역사, 법학, 천문, 의학 등 다방면으로 공부하였다. 세종은 스승의 가르침을 적극적으로 따랐고 세상의 이치와 과학을 배우는 과정을 가졌다. 특히 세종은 시나 문학보다는 세상을 잘 살게 만드는 실용적인 문제에 깊은 관심을 가지고 있었다. 세종은 독서와 수양을 통해 만들어진 성품으로 왕이 되었다.

한국 대통령이 가져야 할
어질고 현명한 성품

세종은 왕조시대에 왕족으로 태어나는 행운을 누렸다. 그에게 경쟁자는 2명의 형뿐이었고, 실질적으로 아버지 태종의 선택을 받는 것이 가장 중요한 과정이었다. 그런데 이 과정에서 신하들이 주목한 가장 중요한 것은 추대한 후계자의 '어진 성품'이었다.

왕조시대가 아닌 민주주의 한국에서 가장 중요한 지도자의 덕목을 찾는다면, 여러 가지 능력이 지목될 수도 있겠지만, 가장 기본적인 덕목을 찾는다면 '어진 인품'이라고 하는 것은 공감이 있을 것이다. 결국에는 대통령의 핵심 자질은 능력과 인품 두 가지인데, 현재 시점의 한국에서 국민은 두 가지를 모두 겸비한 지도자를 주목할 수 있다.

왕과 같은 절대 권력자의 세상에서는 권력에 대한 견제가 어렵다는 점에서 성품은 국가의 흥망성쇠나 정치세력의 운명을 좌우한다. 한국이나 선진국 사회는 이미 한 개인의 능력이 결코 감당할 수 없는 복잡한 곳이다. 인재와 전문가가 포진한 사회에서는, 각 분야의 전문가를 잘 발탁하거나 자발적인 협력을 끌어낼 수 있는 성품, 정책을 조율할 수 있는 성품이 가장 중요할 수 있다. 대통령 개인의 능력이나 판단을 앞세우는 것이 때로는 위험할 수 있다. 능력보다 품성이 먼저인 이유이다.

02

재정을 소중히 여긴 검소한 왕

역사적으로 존경받아온 리더들은 대부분 검소함을 중요한 가치로 삼았다. 자본주의 시장경제에서도 근면검소는 중요한 덕목이다. 존경받는 세계적 부호인 워렌 버핏은 지금도 1958년 구입한 네브래스카의 집에 여전히 살고 있다. 고급 브랜드가 아닌 일상적인 소비를 선호하는데, 자주 가는 패스트푸드 레스토랑에서 아침을 먹고, 오래된 차를 타고 다녔다 한다. 그는 "부유함이 곧 사치를 의미하지 않는다"는 철학을 실천했고, 엄청난 기부를 했다.

이처럼 큰 부를 축적한 투자자인 경우도 검소함은 중요한 덕목이다. 국민의 세금으로 일하는 대통령에게 검소함은 필수적인 덕목이다. 검소함에서 청렴이 시작된다.

세종의 학문 사랑과 좋은 성품은 백성들에 대한 사랑과 검소함으로 나타났다. 세종이 살던 조선은 가난한 나라였다. 망해버린 고려의 백성들은 향락을 일삼는 왕족과 권문세족들로 인해 고통을 받았고, 무신정권이 등장한 이후에도 전쟁까지 겹치면서 백성들의 생활은 극도로 어려웠다. 조선 건국이후 왕과 귀족들에게는 부족함이 없었으나, 백성들은 먹고사는 문제가 해결되지 못한 가난한 나라였다.

그럼에도 불구하고 왕족과 귀족들은 탐욕스런 생활을 하는 경우가 많았고 백성들의 생활에 관심을 돌리지 않는 것이 대부분이었다. 그들에게 백성들은 그들의 사치를 유지하게 하는 존재일 뿐이었다. 그러나 세종은 가난한 백성들의 문제를 해결하고자 많은 생각을 했고, 먼저 그 자신이 검소한 생활을 하였다.

재정을 소중히 여기다

세종이 왕에 오르자 중국 황제의 직함을 받는 고명 행사를 치르기 위하여 중국 사신이 왔다. 세종에게는 고명이 중국 황제와 관련된 평생 한 번 있는 가장 중요한 외교 행사였다. 이때문에, 신하들은 각 도의 관찰사, 절제사, 목사들이 다 축하를 하기 위하여 서울에 올 것을 청했다. 그러나 세종은 자신이 즉위했을 때와 마찬가지로 백성들에게 어려움을 끼치는 폐단이 있다 하여 한양으로 오지 못하게 하였다. 세종은 자신과 관련된 가장 중요한 국가 행사에도 늘 백성들의 어려움을 먼저 생각했고, 검소한 자세를 가졌다. 세종은 왕의 권위를 화려한 의식에서 찾지 않고, 백성의 삶을 개선하는 실질적인 정책에서 찾았다.

세종이 경복궁에 옮겼을 때, 사용할 공간을 필요로 했다. 세종은 별실을 지을 때, 버려둔 재목을 활용하고, 주춧돌도 쓰지 말고, 띠로 덮게 하고, 장식을 검소하게 하도록 했다. 작은 물건도 허락 없이는 들여놓지 못하게 했다. 세종은 나라 돈을 함부로 쓰지 않도록 했고, 열중하여 독서를 할 수 있는 소박한 별실로 만족하였다(세종 3년).

세종은 여러 가지 병을 가지고 있었는데, 소갈병(당뇨병)도 가지고 있었다고 한다. 신하들이 양고기가 효과가 있다며, 중국에서 구해올 것을 청했다. 세종은 나라 살림에 도움이 되지 않고, 결국에는 백성들에게 피해가 갈 것이라며, 조선에서 나는 것이 아니라 하여 먹지 않았다.

세종은 술을 마실 줄 알았지만 특별한 경우에만 한두 잔을 마시곤 했다(태종이 세종의 군주로서의 자질로 술을 마실 줄 안다는 점을 말한 기록이 세종실록에 있다). 그런데 나라에 가뭄이나 흉년이 들면 금주령을 내려 일체 술을 빚거나 마시지 못하게 했다. 이것은 곡식을 저축하여 대비하게 하고 가난한 백성들에게 피해가 돌아가지 않도록 하고자 함이었다. 부유한 양반들이 식량으로 술을 만들어 먹어서 백성들이 먹을 수 있는 식량이 더욱 부족해지는 것을 막으려고 한 것이다.

정치 안정의 조건 :
검소한 대통령

최근 한국은 선진 10개 국에 포함될 정도로 경제가 성장했다. 한 해 국가 예산은 2025년에 677조 원에 달한다. 2024년 1인당 국민소득도 약 36,000달러에 달하는데, 경제적 상층과 하층의 부의 차이는 상당히 크고 확대되고 있다. 결국 국가의 역할은 한국경제의 부를 확장하는 것과 더불어 경제적 어려움을 겪는 계층에 대한 지원과 발전에 초점을 맞추어야 한다.

흔히 국가 예산을 논할 때 논란이 되는 것의 하나는 국회의원의 세비와 관련된 것이다. 국회의원들이 받는 세비가 국민 평균 소득에 비해 너무 높다는 주장인데, 결국은 그들의 역할이 세비에 걸맞지 못하다는 비판일 수 있다. 그런데 이러한 비판의 근본적 시각은 사회 지도층, 특히 세금으로 유지되는 권력층은 검소한 생활을 해야 한다는 요구일 수 있다. 수많은 국민이 피땀 흘려 일하면서 만든 세금이 소수 권력층의 사치스러운 생활을 뒷받침 하는데 소비된다면 이것을 마땅하게 받아들일 사람은 거의 없다.

국가의 최고 권력자인 대통령의 경우도 검소한 모범을 보일 필요가 있다. 물론 그들의 품위를 유지할 적절한 수준을 반대할 국민도 거의 없고, 한국경제의 규모로 볼 때 비용 자체의 문제는 아닐 수 있다. 그런데 대통령과 가족들의 사치가 국민의 여론을 분열시키고, 사회적 대립 갈등을 초래하기까지 한다는 점에서 검소한 생활은 매우 중요하다.

국민의 피땀으로 만들어진 세금을 소중히 하고, 아끼며 검소한 생활을 하는 것은 지도자로서의 기본 덕목이 된다. 한국의 여러 대통령이 자신이나 가족 등의 돈 문제와 관련되어 국민의 지지를 상실하고, 법적 처벌을 받은 경우도 있다. 이처럼 돈 문제는 대통령 개인의 사생활 문제에서 그치지 않고, 심하게는 정치적 대립으로까지 연결된다. 돈 문제에서 깨끗하지 않으면, 정치사회적 갈등을 유발하여 큰 피해를 국민에게 준다는 점에서, 돈에 집착하지 않는 검소함은 대통령의 중요한 자질이 된다.

03

용서할 줄
아는 왕

   역사 속의 용서와 포용의 인물로는 넬슨 만델라 대통령, 링컨 등이 유명하다. 근래 미국에서는 극심하게 양극화된 선거에서 선거 전략으로 갈등을 더욱 부채질하는 경우도 있었다. 여기에서 '국민 통합'을 외친 오바마가 있었다. 오바마 대통령은 '미국이란 하나의 완전한 공화국'이라는 비전을 제시하고, '용서와 대타협'를 강조했다. 대통령이 가진 용서의 마음은 사회를 통합하고, 국가 간의 대립도 완화한다. 용서하는 마음은 대통령의 필수 조건이다.

"어둠으로 어둠을 몰아낼 수는 없다.
오직 빛으로만 할 수 있다.
증오로 증오를 몰아낼 수는 없다.
오직 사랑만이 그것을 할 수 있다." (마틴 루터 킹)

세종,
황희를 품다

태종이 양녕대군을 세자에서 폐하고 세종을 세자로 삼으려 했을 때, 황희는 세자인 큰아들을 내쫓고 동생을 왕으로 삼는 것은 잘못되었다고 반대하였다. 그런데 세종은 왕이 된 후 황희에게 다시 중책을 맡겼고, 황희는 평생 최고의 관직을 누리며 정치에 큰 기여를 하였다.

이것은 세종이 자기에게 잘못한 사람에 대해서도 포용하는 너그러운 마음을 가진 사람이었음을 보여준다. 세종은 이러한 너그러움과 인재 발굴로 나라를 위하여 열심히 일하는 사람들을 만들어 낼 수 있었다.

세종,
양녕대군을 지키다

양녕대군은 폐위된 후에도 자유분방한 생활을 즐기며 문제를 일으켰다. 세종은 양녕대군의 잘못에 대해서도 늘 너그럽게 용서하였다. 신하들이 늘 양녕대군을 경계하고, 지금 미리 방비하지 않으면 훗날의 변고를 예측할 수 없다며 벌을 줄 것을 청했다.

하지만 세종은 "형제 사이에 작은 죄를 용서하지 않는다면 어찌 그것이 옳은 일이겠는가"라며 매번 거부하였다(세종 10년).

왕의 말을 빼돌려도
- 말보다 사람이 소중하다

세종은 죄를 지은 자들도 곧잘 용서를 하는 너그러운 사람이었는데, 많은 일화가 남아있다. 홍유근이라는 왕의 나들이를 돕는 사복이 왕의 연을 끄는 말을 바꿔치기를 했서 문제가 되었다. 홍유근이 자신이 타는 말이 다리를 절자, 본래 세종의 연을 끌던 건강한 말과 바꿔 탄 것이다.

이러한 일이 벌어지자 관리들의 행실을 감찰하는 대간들이 크게 들고 일어나 홍유근을 처벌하라고 건의하였는데, 세종은 "그가 사리를 모르는 사람"이라며 그의 직첩을 거두도록만 하였다(세종 16년). 세종은 어리석어서 저지른 잘못이라며 너그럽게 용서한 것이다.

백성이 왕을 욕하면, 왕의 잘못!

억울하게 토지를 빼앗긴 사람이 수령의 부당한 태도로 재판이 제대로 진행되지 않자 임금을 비난하는 일이 발생하였다. 이때는 왕을 욕한 죄는 사형에 해당되어 그 사람은 사형을 당할 처지가 되었다. 그러나 세종은 처벌하지 못하게 했다. 자신을 비난한 백성을 처벌하지 못하게 한 것은 세종이 백성을 소중히 여기고, 백성들의 어려움을 해결하지 못한 것을 자신의 잘못으로 생각하였기 때문이다.

관용과 용서는 사회발전의 동력

관용은 사회 발전에 다양한 측면에서 중요한 영향을 준다. 사회적으로 관용은 개인이나 집단이 다른 생각, 문화, 행동을 수용하고 존중하는 태도를 의미한다. 이것은 사회 발전에 여러 긍정적인 영향을 미친다. 관용이 있는 사회는 개인 간의 갈등을 줄이고 상호 이해를 증진시킨다. 사회적 통합을 이루며 안정과 발전을 촉진한다.

정치 권력에게 관용은 특히 중요한 의미가 있다. 전임 정권의 정책을 분별없이 개폐하거나, 인사적 보복을 하는 경우도 있다. 이 경우 정책적인 단절로 인해 중장기적으로 진행되어야 할 국가적 정책 사업이 망가져 버리는 경우도 있다. 보복으로 인한 갈등과 대립으로 국가의 중요 사업이 방해받고 국민에게 피해를 주기도 한다. 이런 일은 국내외 여러 나라에서 반복되는 경우가 있는 현상인데, 이것 역시 대통령의 역량이나 성품과 관련이 크다.

관용이 있는 사회는 다양한 관점과 아이디어가 교류되고, 혁신과 창의성을 촉진하여 경제적 발전에도 기여한다. 이런 환경에서 새로운 기업이 발전하고, 인권이 존중되고, 민주주의가 정착되는 긍정적 변화가 가능하다. 개인들이 서로의 권리와 책임을 이해하고 존중하게 되며, 사회적 책임감도 증대된다. 경제적으로는 외국인 투자자 등의 유치가 촉진되는 환경이 되고, 이는 경제성장으로 이어질 수 있다.

세종의 관용은 단순한 개인적 덕목이 아니라, 조선 사회 전체의 발전에 힘이 되었다. 이처럼 용서와 관용은 사회와 국가 발전의 중요한 토대가 된다. 용서와 관용의 심성을 잘 갖춘 대통령은 국가 발전에 중요한 기여를 한다.

―――――― • 04 • ――――――

비판을 허용하고
권력을 나눈 왕

민주주의 국가는 권력의 분립과 견제를 기본으로 성립한다. 민주국가의 정당정치도 이러한 원리를 바탕으로 하는 것이 기본이다. 3권분립은 한 기관에서 권력이 지나치게 집중되는 것을 막음으로써 권력 남용을 방지한다. 권력의 투명성을 높이고, 시민의 권리와 자유를 보호하는 역할을 한다. 이와 더불어 언론의 비판 기능은 3권분립을 보완하는 민주주의의 또 하나의 축이다.

**세자와
권력을 나누다**

대개 왕의 자리란 것은 누구나 한번 되면 죽기 전에 그만두지 않는 것이다. 그러나 세종은 자신의 건강이 나빠지고 기력이 쇠약해지자 자신이 해야 할 일을 제대로 하지 못할까 걱정하였다. 그래서 중국과의 외교나 군사문제 등의 큰일을 제외하고는 세자(문종)에게 맡겨서 처리하게 하였다. 이 과정에서 신하들은 크게 반대하였으나, 세종은 자신의 건강을 이유로 들며 첨사원을 설치하고 세자의 대리청정을 관철하였다(세종 25년).

세종은 신하들의 반대로 성공하지는 못했지만, 수차례 세자에게 왕위를 넘기겠다는 선언을 하기도 했다. 세종은 세자가 왕으로서 해야 할 일을 미리미리 익히게 하여 다음 왕으로서 책무를 잘 수행하게끔 준비시켰다. 세종 자신이 즉위 후에도 아버지 태종과 군권을 분할하였던 경험이 작용한 것이기도 하지만, 세종의 정치는 지나친 권력 집중과 업무 집중으로 인한 폐해를 방지하고자 하는 의도가 있었다.

신하와
권력을 나누다

세종은 아들 문종과 권력을 나누었을 뿐만 아니라, 신하들과도 권력을 나누었다. 세종은 아버지 태종 때 왕권강화를 위해 실시된 6조 직계제를 의정부 서사제로 바꿨다. 6조 직계제가 왕이

6조의 판서를 직접 관할하는 것인데 비하여, 의정부 서사제는 정승들이 6조의 판서와 논의하여 정책과 행정을 결정하는 제도이다.

세종은 정치에 대한 왕의 직접적 관여를 줄이고, 능력 있는 정승들에게 권한을 나누어 효율성을 높였다. 정승 황희 등은 세종을 대신하여 국가의 중요 사항을 논의하고, 왕권과 신권의 조화를 이루었다고 평가되고 있다. 세종은 모든 일을 자신이 혼자 하려고 하기보다는 잘할 수 있는 사람을 찾아서 믿고 일을 맡겼고, 자신은 더 중요한 일에 집중하였다.

비판을 허용하여
국가의 안정을 만들다

세종대 대간제도와 집현전의 발전 등도 비판과 토론을 허용하고 권력을 나누는 것으로 볼 수 있다. 세종은 사간원과 집현전 학자 등의 비판을 허용했다. 대간의 비판은 국왕과 의정부·6조가 상호 견제하고, 결과적으로 정치적 안정을 높이는 역할을 했다. 세종은 이러한 비판제도를 통해 정치세력을 견제하고, 정책의 오류를 예방하며 합리성을 높이는 효과도 이끌어냈다.

일부 정책은 수년 동안의 준비와 토론을 통해서 결론을 낸 경우도 있다. 수령고소금지법은 지방 통치질서 유지를 목적으로 했지만, 백성들의 억울한 사정도 해결해 주어야 한다는 점에서 2년여 기간 동안 토론이 진행되기도 했다. 지금의 시각에서 보면 백성 보호에 부족한 측면이 있기도 했지만, 충분한 논의를 통해 절충점을 찾기 위해 노력했다는 평가가 가능하다.

새로운 전세제도인 전분6등법, 연분9등법 도입에는 준비기간이 10여 년이 걸렸다. 새로운 조세제도 실시를 논의하면서 10만여 농민의 의견을 듣는 등 철저한 준비와 논의 과정을 거친 것이 세종 시대였다. 특히 백성들의 삶과 관계된 정책에 대해 백성의 여론을 파악하려 노력하고 토론이 진행되었다.

세종의 후기 집권기에는 한글 창제나 불교와 관련되어 신하들의 반대가 거세게 일어나는 일도 있었다. 이때 세종이 한글 창제를 강행하고 궁궐 내에 법당을 조성하면서도, 토론과 비판을 제도적으로 포용한 것은 중요한 의미가 있다. 권력 내부의 비판은 권력의 부패와 타락을 방지하는 힘이 된다. 내부 비판의 허용은 때로는 소란과 불안정을 만들지만, 자정작용을 만들어 더 큰 혼란을 방지한다고 세종은 판단한 것으로 보인다.

권력 집중이
위기를 만든다

흔히 권력은 나누지 못하는 것이라고 정의하는 정치학자들이 많다. 그 말은 여러 곳에서 실증적으로 타당성을 인정받는다. 하지만 동시에 이어지는 설명은 그로 인한 갈등과 급격한 변동이다. 즉 권력의 나눔이나 견제가 없는 곳은 흔히 극단적 정책과 정치사회적 갈등으로 연결되고, 이로 인해 파국적 결말이 오기도 한다. 권력의 균형된 분점이 이루어지면, 그 조직은 내부적으로 합리적 정책결정을 선택한다. 민주사회의 작동 원리가 유지되고, 사회의 안정적 발전의 토대가 된다.

21세기 한국 사회는 경제성장과 더불어 민주주의의 성숙 단계로 평가되어 왔다. 하지만 흔히 '제왕적 대통령제'라는 비판을 받는 권력의 집중은 최고 권력의 위기로 이어지고 있고, 사회적 혼란과 경제적 충격마저 만들고 있다. 이에 대한 대안으로 대통령에 집중된 권력의 분할이 우선적으로 제기되고 헌법 개정을 통한 제도적 보완이 제시된다. 헌법 개정은 사회적 합의를 바탕으로 하고, 반드시 제도적 장치가 필요하다는 점에서 선결과제가 된다.

Win-Win을 아는
공존의 대통령을 선택하자

　동시에 국민이 권력 분점을 받아들일 수 있는 열린 대통령을 선택하는 신중함이 요구된다. 독선적이거나 권력욕에 지배된 대통령은 제도를 뛰어넘는 행위를 하는 것이 많고 그 위험은 제도의 미비 이상으로 위태하다. 또 정당성이 높은 사람이 대통령으로 선택되어야 한다. 세종이 안정적으로 정치를 할 수 있었던 것은 그의 권력이 다수 신하의 추대를 받은 정당성이 있었기 때문이다. 법적 도덕적 취약점을 가진 대통령의 경우, 위험한 선택을 할 가능성이 높아지는 것을 우리는 권력의 역사에서 반복적으로 보아왔다.

　권력을 나눌 줄 모르고, Win-Win의 마인드를 갖지 못하는 대통령은 정치의 안정을 이루어 내지 못한다. 권력 다툼이 기본 구조인 정치는 매우 어렵다. 그래서 더더욱 국가 발전을 위해 공존의 마인드가 있는 대통령이 중요하다.

링컨과 앤드루 존슨 대통령의 포용정책

남북전쟁(1861~1865)에 승리한 후, 북부지역에서는 전쟁 피해에 대해 남부지역의 책임을 물어야 한다는 정치세력이 강했다. 전쟁 중 약 62만 명 이상이 사망하고, 수백만 명이 부상했다. 또 수많은 집과 도시가 파괴되었다. 이런 상황에서 남부는 북부에 대한 분노의 감정을 여전히 강하게 가지고 있었다. 전쟁 책임을 따져 교수형이나 재산 몰수 등으로 심판하는 것으로는 남부를 연방에 재구성하기는 어려운 현실이었다.

링컨은 연방의 미래를 위해서 남과 북이 화합하는 방법을 찾았다. 링컨은 남부를 비판하고 항복을 요구하는 대신 남부를 포용하고 연방에 복귀하도록 배려해야 한다고 생각했다. 링컨이 이러한 정책을 실시하지 못하고 암살당하자(1865년 4월), 부통령이었던 앤드루 존슨은 링컨의 정책을 추진하였다.

존슨은 1865년 5월에 남부연합의 지도자를 제외하고 연방에 충성을 서약하는 모든 사람을 사면했고, 1969년에는 남북연합의 모든 지도자까지 사면하였다.

남북전쟁 당시 북부 인구는 약 2,200만 명, 남부 인구는 약 900만 명이었고, 흑인 노예수는 남부에 약 400만 명이었다. 1861년

부터 1865년 사이에 약 400만 명의 흑인 노예가 해방되었다. 노예 해방령에 따라 해방된 흑인들과 탈출한 노예는 북부 군에 입대할 수 있었다.

이미 유럽의 영국과 프랑스에서는 1833~1834년과 1848년에 노예제가 폐지되었다(영국은 1807년 노예무역 불법화, 프랑스는 1794년 노예제 폐지하였으나 나폴레옹이 노예제 복원).

노예 해방문제가 영국이나 프랑스보다 '자유의 나라' 미국에서 늦게 전쟁을 통해 해결되었다. 남부는 사실 이길 수 없는 반시대적, 반역사적 전쟁을 한 셈이다. 그러나 잘못했어도 억울한 사람이 있고, 분한 사람이 있는 것이 세상이다. 싸움을 그치지 않으면 세상은 영원히 불행하다. 그래서 포용과 윈윈이 세상을 살린다.

05

역사의 교훈을
실천한 왕

과거 왕조의 역사 기록은 주로 정치사였다. 즉 왕조의 흥망성쇠를 중심으로 서술된 역사이다. 한국에 영향을 준 역사서는 대부분이 중국사였는데, 그 중에서도 사마광의 〈자치통감〉이 유명하다. 〈자치통감〉은 왕이 정치를 할 때 필요한 규범과 왕조의 흥망의 원인을 보여준다. 세종도 〈자치통감〉을 필독서로 하였다. 〈자치통감〉은 중국의 역대 지도자들도 읽는 애독서라고 한다.

"왕조시대에는 농민의 생명이 위협받으면, 농민란으로 왕조가 멸망했다. 민주시대에는 시민의 생명이 위협받으면, 민주항쟁으로 정권이 붕괴된다."

역사에서 성공하는 '왕의 길'을 배우다

조선의 관리 대부분은 유학 경전의 공부나 시, 글을 짓는데 관심이 높았다. 반면에 세종은 특히 역사에 관심이 높았으며, 지리와 같이 나라를 경영하고 백성들의 경제생활과 관련된 학문, 농사와 관련된 천문과 과학 등에 관심이 많았다. 세종이 역사에 깊은 관심을 가졌던 이유는 명확했다. 그는 왕으로서 국가를 통치하는 데 필요한 핵심 요소가 무엇인지, 과거 왕들의 삶과 그 결과를 배우고자 했다.

세종의 이러한 관심은 경연에서 역사를 주요 서적으로 선택하였고, 『고려사』와 『고려사절요』와 같은 역사서, 『세종실록 지리지』와 같은 지리서의 편찬으로 이어졌다. 세종이 역사에 깊은 관심을 가졌던 이유는 명확했다.

- 『고려사』: 조선 세종 때 정인지 등이 편찬한 고려의 역사에 관한 책이다. 고려왕조 475년간의 역사를 기록했다. 전체가 139권 100책으로 되어 있다. 열전에는 고려시대 860여 명의 중요인물에 대한 이야기가 실려 있다.
- 『고려사절요』: 고려왕조의 역사를 연대별로 기록하였다.

■ 『세종실록지리지』 : 역사, 인구, 산업, 교통, 통신 등이 주요 항목으로 각 지방의 민속, 기후 등의 특성도 기록되어 있다. 이들 기록은 국가의 통치에 유용한 자료로 이용되었다.

역사를 바르게 고쳐 쓰다

『고려사』와 『고려사절요』의 편찬 과정은 커다란 의미가 있었다. 조선은 고려왕조를 무너트리고 나라를 세웠기 때문에 고려의 역사를 좋게 쓰지 않았다. 태조 이성계는 나라를 세우자마자 자신들의 행동을 정당화하기 위하여 고려의 역사를 서술하게 하였는데, 정도전 등이 이 작업을 수행하였다. 이렇게 해서 만들어진 역사책이 『고려국사』인데, 여기에서는 고려 공민왕 이후의 역사를 왜곡하였고, 정몽주와 같은 충신들은 깎아내렸다(정몽주는 새로 조선을 만드는 것을 반대하여 태종에 의하여 죽임을 당했는데, 세종은 정몽주의 행동은 고려에 대해 충성을 다한 올바른 일이라고 평가하였다).

반면에 이성계 등이 벌인 살육행위 등은 제대로 서술하지 않았다. 이러한 역사서술은 잘못된 것이었지만, 고려를 무너트리고 조선을 세운 이성계가 할아버지였고, 세종도 자신이 왕위를 이어받았다는 점에서 이러한 일들을 잘못이라고 지적하는 것은 쉬운 일이 아니었다. 그러나 세종은 공민왕 이후의 역사적 서술들이 사실과 다른 것이 많음을 지적하고 차라리 없느니만 못하다는 지적을 하였다.

그리고 새로이 고려의 역사를 서술하도록 하였다. 이렇게 후세에 바른 역사를 남기기 위하여 노력한 세종은 정종과 태종의 실록도 편찬하여 남겨주었다. 이것은 세종이 단순하게 자신의 이익이나, 자기가 속한 집단의 이익만을 추구하는 작은 사람이 아니었음을 보여준다.

역사의 기록을
두려워하다

왕들의 행적에 대한 당시의 기록을 사후에 정리한 것이 실록이다. 지식과 기백이 있는 사관이 늘 쫓아다니면서 왕의 행동과 말을 기록한 것을 왕이 죽은 후에 정리하여 보관하였다. 따라서 정직하고 훌륭한 왕은 이러한 기록을 남기는 것을 두려워하지 않았지만, 좋지 않은 행실을 하는 왕은 이러한 것이 늘 마음에 걸리지 않을 수 없었다.

세종이 역사의 기록을 소중히 여긴 것은 바로 자신의 행동을 바르게 하고자 하는 의미가 있었으며, 달리 표현하면 세종이 날마다 자신의 일기를 써 간 것이라고도 할 수 있다. 학문을 좋아한 세종이 직접 저작을 남기지 않았는데, 세종의 일기나 저작은 바로 실록이라고 할 수 있다.

세종은 사관에게 자신에 관해서도 사실대로 적도록 했다. 사람이 자기의 잘못은 숨기려 하는 것이 어쩌면 당연한 일이라고도 할 수 있다. 그러나 세종은 스스로가 잘 다스리고, 반성하고, 왕다운 왕이 되고자 하는 노력을 했음을 알 수 있다. 이러한 세종의 행동은 단순하게 역사를 바르게 적어 후손에게 전한다는 의미에 그치는 것이 아니다. 그 자신이 역사에 부끄러울 것이 없는 임금으로서 살겠다는 다짐의 의미가 있었다.

농민 반란이
주는 교훈

세종이 경연의 첫 주제로 역사를 선택할 만큼, 역사 공부를 중요시했다는 것은 잘 알려진 일인데, 역사 공부의 결과는 바로 여론을 두려워하는 것이다. 역사 속에서 왕조의 흥망성쇠를 보았는데, 중국의 한(漢)나라의 성립과정은 농민반란이 시작이었다. 또 비슷한 시기에 건국한 명나라나 조선도 농민 반란이나 농민의 고통에서 건국이 시작되었던 것을 세종은 매우 잘 알고 있었다.

이러한 세종의 역사 인식은 농민들의 기아나 유랑을 예방하고 대책 마련을 매우 반복적으로 강조하며 지시하는 것으로 나타났다. 이처럼 세종은 역사에서 교훈을 배우고, 역사와 민심에서 문제의 해결책을 찾았던 왕이었다.

**역사의 교훈을 따르는 것이
훌륭한 대통령이 되는 길**

한국에서는 노무현이 집권 5년 동안 많은 기록을 남겼다고 한다. 차관급 이상이 참여한 회의의 자료를 만들고, 메모까지 기록으로 남겼다 한다. 노무현은 배석자 없는 독대를 하지 않는 원칙을 지켰다고 하는데, 이것은 조선시대의 왕이 실록을 기록할 사관을 함께한 것과 유사한 자세였던 것으로 보인다.

아마 세종이 오늘의 한국에 살았다면, 언론의 비판을 더 소중히 여겼을 것이다. 한국의 많은 언론 중에서 일부가 정도를 걷지 못하는 경우도 있지만, 지금은 사관 역할의 한 몫을 언론이 대신하고 있다. 언론은 대통령의 사관이 아니라 국민의 사관이 되어서 관찰하고 있다. 즉 언론의 비판과 여론을 따르는 것이 역사의 교훈을 실천하는 것이다.

민주국가에서 여론의 비판에 적극적으로 열린 마음으로 대하는 자세가 대통령의 기본자세이고, 국가를 혼란에 빠뜨리지 않는 행동이다. 세종과 같이 여론과 역사의 교훈을 경청하는 품성은 대통령의 필수 덕목이다.

06

친인척 관리에
노력한 왕

　한국은 언론이 발달해 있고, 특히 정치세력 간의 대립이 치열한 상황이기 때문에 정치인의 개인적인 비리나, 가족의 범죄 등은 큰 사회적 문제를 일으킨다. 형제나 가족들의 부정 비리가 노출되면 대통령에 대한 지지율이 하락하고, 대통령이 무력한 상태가 되기도 한다. 심지어는 측근이나 친인척의 비리가 대통령 본인의 문제로까지 비화되기도 한다. 그 결과 국가 정책의 집행마저 어려워지는 일이 벌어지기도 한다.

　조선 시대에도 '왕족 관리'는 통치의 핵심 과제였고, 이를 실천한 왕이 세종이었다.

왕실의 '추문'을 경계하다

세종이 우리 역사상 가장 존경받는 임금으로 기록될 수 있었던 것은 그가 가진 좋은 성품이 바탕이 되었다. 가정에서의 세종은 부모에게 효성스러운 아들이었다. 세종은 아버지인 태종과 어머니 원경왕후를 정성으로 섬겼다. 바쁜 중에도 아침, 저녁으로 문안을 드리는 일을 거르지 않았으며, 아침 문안을 드리고 아침 수라상을 직접 살피고, 저녁 잠자리도 보살폈다. 태종은 늘 세종을 자주 보고 싶어 하는 아버지였다.

이처럼 성실한 마음은 세종과 형 양녕대군을 비교하게 만들었다. 세자이던 양녕대군은 성장하면서 평양 기생 소앵, 전직 관리의 첩인 어리 등과의 여자 문제들을 일으켰다. 특히 어리 문제는 양녕대군의 집착으로 1년 이상 조정을 시끄럽게 만들고 양녕대군이 폐위되는 이유의 하나가 되었다(태종 18년). 이런 사실을 곁에서 지켜본 세종은 자녀들의 추문에 대해 엄격하였다.

세종은 자식들에게도 바른 행동을 가르쳤다. 그중에서도 다음 왕이 된 문종의 교육에 특히 노력하였다. 세종의 넷째 아들인 임영대군은 여자들과 어울려 놀기를 좋아하여 많은 말썽을 일으켰다. 세종은 엄격하게 꾸짖었고, 불법 행동을 하지 못하게 하였다. 그럼에도 임영대군이 뉘우쳐 고치지 아니하자 그 직첩을 거두고 궁에 연금하여 징계하였다.

왕실의 성추문으로 잘 알려진 사건이 또 있었다. 문종이 세자일 때, 세자빈 봉씨가 투기가 심했는데, 여종 소쌍과 동침문제를 일으켰다. 이 일을 계기로 세종은 봉씨를 세자빈에서 폐하고 사저로 돌려보냈다. 이때 세종이 한 말이 "한 나라에 국모의 모습이 되겠는가"라는 지적이었다. 즉 왕의 아내인 중전으로서의 역할을 할 수 없기에 궁에서 내친다는 뜻이었다. 세종은 왕족으로서의 책임있는 행동을 하도록 경계하여 왕가와 나라를 혼란에 빠지지 않게 했다(세종 18년).

왕족도 법을 지켜야 한다

세종은 왕자뿐만 아니라 왕의 친족들이 불법을 행하는 것을 용서하지 않았다. 왕의 친척인 종친 중에 불법행위를 한 경우가 발견되면 반드시 고치도록 하였다. 종친에게 노비를 빼앗긴 사람의 재판에 문제가 발생하자, 세종은 종친들이 법을 함부로 어기지 못하게 하였다.

세종은 신하들이 왕의 잘못이 있으면 바로 잡고자 하는 것을 정당한 일로 평가하였다. 그래서 왕에게 신하들이 옳고 그름을 따지는 것을 잘 받아 주었다. 누구든지 자신의 잘못을 지적하면 좋아하지 않는 것인데 세종은 왕임에도 불구하고 바르게 행동하였다. 이러한 세종의 행동이 왕과 신하 모두 더욱 올바른 행동을 하게 하였다.

**대통령 가족의 부정부패는
국가적 문제가 된다**

가끔 자신의 잘못은 모르고 남의 탓만을 하는 경우가 있다. 이렇게 하면 아무리 좋은 말을 하여도 다른 사람들이 고치도록 하기가 어렵다. 즉 자기 자신의 잘못을 고치고 바르게 행동하지 않으면 타인의 모범이 될 수 없고, 말에 위엄이 있을 수 없다.

현재의 한국과 같은 민주사회에서도 권력이 있는 사람이나 그의 친척들이 함부로 법을 어기는 일이 있다. 현대 민주주의 사회에서는 대통령이 잘못을 저지르는 일이 발생하면, 이로 인한 갈등으로 정치가 소란해지고, 심지어는 국가 정책이 혼선을 빚거나 제대로 집행되지 못하는 경우도 있다. 세종은 왕족들이 나쁜 짓을 하지 못하도록 경계했는데, 잘못한 당사자에게 좋지 않을 뿐만 아니라, 왕가와 국가에도 부정적 작용을 할 수 있음을 대비한 것이다.

지금 한국은 정치세력 간의 대립이 대단히 치열한 상황이기 때문에 대통령이나 가족의 부정행위는 큰 사회적 갈등 소재가 된다. 친인척 관리는 생각보다 대단히 중요하다. 역대 대통령 중에서 큰 과오 없이 직무를 수행하던 중에도 형제나 자식들의 부정 비리가 노출되면서 위기에 봉착한 사람이 여럿이다. 크든 작든 이런 일이 발생하면 대통령에 대한 지지율이 하락하고, 야당은 이런 때에 정치 공세에 총력전을 펼친다.

그 결과는 친인척이 구속되는 일도 적지 않고, 대통령이 무력한 상태가 되기도 한다(김영삼, 김대중, 노무현, 이명박 대통령도 예외가 아니었다). 과거 강력한 독재정권을 가진 대통령들은 언론을 탄압하고 비리를 감췄지만, 5년 임기의 대통령은 정권 후반기가 되면 레임덕 상태에서 국가 정책의 집행마저 실패하는 일이 벌어져 국가적으로 큰 문제가 된다.

이런 점에서 정치 권력은 '수신과 제가'가 매우 근본적이고 필수적인 과제가 된다. 개인의 범죄나 잘못이 사회적 갈등이나 대립의 원인이 된다면 이것은 국가적으로 매우 큰 비용이 소모되고, 사회 통합력이 약화되어 국가적 손실로 이어진다. 대통령 본인이나 주변이 도덕적으로 큰 흠결이 있게 되면, 국가의 혼란 원인이 되기도 한다는 점에서 친인척 관리는 대단히 중요한 문제이다.

"

치국 평천하 治國平天下

세종은

평화를 지키고

국민과 함께 춤추며

과학기술로 경제를 발전시켰다.

"

3장

세종: 정책의 성공

대통령 선택 세종에게 묻다

1. 전쟁을 막고 국민을 지키다
2. 정치세력 간 갈등 조정을 잘하다
3. 과학기술로 경제발전에 노력하다
4. 교육으로 국민을 도전하게 하다
5. 과학과 학문을 발전시키다
6. 인권과 생명 지키기에 노력하다

— 01 —

전쟁을 막고
국민을 지키다

국가와 국민의 운명은 국제관계에서 결정되는 일이 많이 있다. 한반도는 수천 년 역사 동안 주변 강대국과의 관계에서 발전과 고난을 겪어 왔다.

제2차 세계대전을 일으키고 전쟁에서 패배한 독일은 동독과 서독으로 분단되었다. 헬무트 콜(1987~1998년 서독, 통일독일 총리)는 소련의 경제위기 정세를 이용하여 동서독 통일을 이루는 중대한 과업을 달성했다.

한국은 한미동맹을 바탕으로 오늘의 민주주의와 경제발전을 이룩했다. 한국 대통령의 합리적인 국제관계 인식은 평화와 번영의 기본 조건이 된다.

세종은 명나라와의 평화 관계를 유지하면서도, 국경을 개척하고 군사력을 정비하며 나라를 지켰다.

중국과 한반도의 전쟁

● 당의 고구려 공격

중국의 당나라는 628년 대륙을 통일하고, 주변국에 대한 강경책을 진행하였다. 고구려의 연개소문 정권과 백제 의자왕, 신라 3국은 서로 공격과 협력을 진행하며 한반도에서 각축전을 벌였다. 당 태종이 고구려를 공격하였지만, 안시성 전투에서 패하며 정복에 실패했다. 그러나 계속된 당의 고구려 공격으로 인해 고구려의 국력은 약화되었고, 백제와 신라의 전쟁으로 3국 간의 대립이 격화되었다. 이에 신라가 당나라와 연합하여 백제와 고구려를 멸망시키는 결과가 되었다.

● 몽고의 고려 공격

3국시대 통일전쟁에 중국이 큰 영향을 끼쳤듯이, 중국에서 강성한 국가가 등장하면, 한반도는 매번 큰 전쟁을 치르고, 이로 인해 막심한 피해를 입곤 했다. 전 세계를 놀라게 한 징기스칸의 몽고족은 고려에도 쳐들어 왔다(1231~1232년). 고려의 무신정권은 강화도로 천도하면서까지 저항을 했지만, 전 국토에서 막대한 물적, 인적 피해를 입었다. 결국에 고려 왕은 원 황실와 혼인을 하고, 고려는 정치적 간섭과 경제적 어려움을 당했다.

● 명의 건국과 중국 통일

14세기는 원나라가 고려에 강한 영향력을 행사했던 시기인데, 1351년에는 홍건적의 난이 일어났다. 이때 등장한 주원장은 1368년 지금의 남경을 수도로 명나라를 건국했다. 명나라는 20년이 지나 1388년에 전국을 통일하였다. 이후 원나라는 몽골의 고원지대에서 34년간 제국을 유지했고, 요동지방 등을 지배하였다(북원; 1368~1402).

이성계,
명과 전쟁을 피하다

건국 후 명나라의 군대는 전국에 180여만 명에 달했는데, 고려의 공민왕은 친명정책을 추진하여 명나라와 조공-책봉관계를 맺었다. 하지만 명나라가 철령이북지역에 대한 지배권을 주장하였고, 이에 반발한 고려의 우왕과 최영장군은 5만 명의 병력으로 요동정벌을 추진하였다. 하지만 이성계의 위화도회군으로 요동정벌은 무산되었다.

정치적 실권을 장악한 이성계는 신진사대부 세력과 연계하여 고려의 왕들을 교체한 후, 결국은 추대 형식을 거쳐 조선의 왕이 되었다. 이후 조선은 정도전의 요동정벌 추진으로 갈등을 겪었지만, 명과 천자-제후관계를 맺고, 태종이 요동수복을 포기하면서 명과의 관계가 정상화 되었다.

명나라 황제는
정복 군주

명 태조는 1380년 승상 호유용(胡惟庸) 사건과 1393년 대장군 남옥(藍玉) 사건을 일으켜서 5만여 명을 죽였는데, 개국공신들이 대부분 제거되었다. 이후 명 태조는 승상직을 폐지하고, 6부를 직접 이끌며 중앙집권을 강화하였다. 명 태조 사망 후(1398년) 건문제는 숙부들인 왕들의 권력 약화를 추진했다. 몽골 세력을 몰아내는 데 큰 공을 세웠던 연왕 주체가 이에 반발하여 4년간의 전쟁을 거쳐 1402년 건문제(혜종)를 타도하고 황제(영락제, 성조)가 되었다(북경으로 천도).

이번에는 영락제가 은밀하게 여러 왕의 군사 권력을 약화시키고, 반란을 일으킬 수 없게 만들었다(삭번). 1404년에는 흑룡강 하류지역의 여진이 명나라의 영향력 안으로 들어왔고, 동북지역에 대한 지배력이 강화되었다. 영락제는 남방의 항주에서 북경을 연결하는 경항대운하를 완공하고, 이로써 명나라 경제가 크게 번성하고 국가의 재정이 크게 확대되었다.

영락제는 직접 여러 차례 군대를 이끌고 변경지역을 정벌하는 강력한 인물이었다. 1405년부터 1433년까지 영락제는 정화를 200여 대의 함선과 함께 아시아와 아프리카에 7차례 파견하여 교역을 하였다. 영락제 사망후, 태자(홍희제, 인종)가 즉위하였으나 9개월만에 병사하고, 선덕제(선종)이 1425년에 즉위하였다. 선덕제는 숙부의 반란을 제압하고, 민생을 돌보고 국정을 안정시켜 명나라의 황금기를 이끌었다.

세종,
명의 힘을 인정하다

세종은 태조에서 시작된 중국에 대한 사대(事大)정책을 지속하였는데, 이것은 강력한 대국으로 등장한 명과의 전쟁을 피하는 국가 보존정책이었다. 명나라 사신의 횡포를 용인하였고, 작은 문제에 집착하여 갈등을 초래하는 것을 피하였다. 이러한 세종의 대명정책은 명나라를 두 차례나 방문하여 명나라와 황실을 직접 견문한 아버지 태종의 인식을 물려받은 것으로 보인다.

여진족을 물리치다
- "어린이를 해치지 말라"

명나라와의 관계를 안정적으로 관리한 세종은 북방 국경 여진족과 남방의 왜에 대해서는 강온양면 정책을 실시하였다. 압록강과 두만강 주변에서는 여진족이 떼를 지어 쳐들어오기도 했다. 세종은 여진족을 몰아내고 압록강과 두만강 유역 개발을 적극적으로 추진하여, 압록강에 4군, 두만강에 6진을 설치했다.

1433년 평안도 절제사 최윤덕의 지휘 아래 1만 5천여 명이 여진족 공격에 나섰다. 이때 세종은 군율을 엄격히 하여 늙은이와 어린이를 해치지 말고, 장정이라도 항복하면 죽이지 말고, 소나 개, 말도 죽이지 말고 건물을 불태우지 않도록 하였다. 조선의 군대는 여진을 공격하여 승리하였고, 세종은 다시 뺏은 물건과 가축을 돌려주고, 식량도 주면서 평화롭게 지내도록 하였다.

> **세종의 명령**
> - "적의 마을에 들어가서 늙고 어린 남녀는 치고 찌르지 말며, 장정이라도 항복하면 죽이지 말라"
> - "적의 마을에 들어가서 영을 내리기 전에 재물과 보화를 거두어 넣은

> 자는 참한다"
> - "소·말·닭·개 등을 죽이지 말고, 집을 불태우지 말 것"
> - "공격하는 법은 정의로서 불의를 무찌르는 것이니, 그 마음을 다스려서 만전을 기하는 것이 정의이다. 만약 노인·어린이를 잡아서 죽이고, 당인을 죽여 군공을 낚고자 하여 조령을 범하는 자는 모두 군법에 의하여 시행한다"
> - "만약 사망한 사람과 말이 있으면, 말은 뼈를 거두어 묻어 두고, 사람은 싣고 온다"

세종실록 15년 5월 7일 평안도 절제사 최윤덕이 파저강의 토벌에 관해 치계하다

국경을 확장하고, 여진 추장을 귀화시키다

1435년에 여진이 다시 국경을 침범한 것을 물리쳤고, 1437년에도 평안도 도절제사 이천이 7천 명의 군대로 여진을 정벌하기도 했다. 이런 과정을 거쳐 압록강과 두만강 지역을 경계로 하는 조선의 국경이 만들어졌다. 세종은 이렇게 얻어낸 땅에 남쪽에 살던 주민들을 이주시켜 살게 하고 세금을 줄여주는 등의 혜택을 주어 국경지역을 경영하였다.

세종은 김종서를 함길도 도절제사로 보내 두만강 유역을 확

장하게 했다. 김종서는 세종의 명을 받아 관리들이 올바르게 백성들을 돕도록 하였고, 이주한 백성들에게는 우대하는 정책을 폈고, 형벌을 주지 않을 만큼 정치를 잘하였다. 또 성곽을 쌓고 병기와 군대를 잘 유지하였으며, 가끔 여진족이 침입하면 잘 물리쳤다. 세종은 여진족에 대해서는 회유정책도 실시하여 국경지역에서 무역할 수 있도록 했고(함경도 경성, 경원), 여진 추장에게는 귀화를 권장하고, 관직을 주기도 했다.

대마도 왜구를 토벌하다

세종은 남쪽 주민을 괴롭히는 왜구에 대한 토벌도 실시하였다. 세종 원년에 태종의 주도로 이종무의 227척 함선과 17,000여 명의 원정군을 파견해 집 2,000채를 태우는 등 대마도를 토벌했다. 이후 대마도 도주의 요청을 받아들여 부산포, 염포 등 3포를 개항하여 일본인의 무역을 허용했고, 왜관에 왜인 각각 60명씩 거주할 수 있게 하였다. 필요할 때는 군사적 공격을 통해 적을 제압하고, 동시에 적에게 무역을 허용하거나, 귀화나 관직을 허용하는 회유정책을 실시하여 안정적인 관계를 유지하였다.

세종은 국가 경영에서 문신과 무신을 적절하게 활용하고, 무신의 역할을 중요하게 여겼다. 또 세종은 영토 개척을 위해 화약과 화기 개량을 추진하는 등 국방을 위한 과학기술에도 관심을 기울였다.

오늘날의 국제정세와 세종의 교훈

세종 시기의 국제정세를 충분히 이해한다면, 세종의 친명정책이 몽골의 침입 이후 약 200년간 계속된 전쟁의 고통에서 백성을 지켜냈다는 점을 충분히 평가해야 한다. 세종은 강대국과의 관계를 해치지 않도록 감정적인 절제를 하였다. 중국과의 관계를 안정적으로 관리하고, 이를 바탕으로 필요한 경우 실질적인 힘을 사용하여 국경을 확보한 유능한 인물이었다.

지금 한반도 국제관계는 국가 안보와 경제 안보 측면에서, 모두 경계감이 높아진 상황이다. 북한의 핵문제로 인해 북한과 국제사회가 대립하고 있고, 북-중-러로 연결된 축과 한-미-일 협력관계가 대립하고 있다. 러시아-우크라이나 전쟁에 북한이 파병하면서 북한과 러시아의 군사적 협력도 더욱 심각하게 우려되고 있다. 이와 더불어 미중 패권경쟁이 확대되는 상황에서, 중국 첨단산업의 경쟁력이 급격히 커지면서 한국경제의 위기감마저 고조되고 있다.

세계 최강대국 사이에서 국익을 지키는 일이 매우 어려워지는, 지금까지 경험하지 못했던 국제환경에 한국이 휩쓸려 들어가는 상황이다. 이러한 국제관계를 어떻게 조정해내느냐에 따라서 한국경제발전의 명운이 달려 있다고 해도 과언이 아니다.

향후 30년도 역사의 발전방향은 자유민주주의와 시장경제일 것으로 생각한다. 한국은 한미동맹을 통해 자유민주주의 체제와 협력함으로써 오늘날의 민주주의와 경제발전을 이룩했다. 앞으로도 민주주의 국가들과의 협력은 한국 안보와 경제에 우선적으로 중요하다. 단순한 감정으로 '반미' '반일' '반중'을 내세우는 일부 당파이념적 갈등 조절이 중요하다.

한국 정치에서 대통령이 가진 위상이 매우 크기 때문에 지금 국제정세를 대처할 국가 최고 책임자인 대통령의 역할이 막중하다. 국제관계에 대한 최선의 방안을 추진할 수 있는 대통령을 선택하는 과제가 우리 국민 앞에 있다.

조선 광해군 외교정책의 교훈과 현재 국제정세의 차이

▪ 명청 교체기 광해군의 외교정책

17세기 초반은 중국의 명나라와 요동 지역에서 성장한 후금이 대립하며 동아시아의 국제정세가 복잡한 전환기였다. 후금은 1616년에 건국하여 짧은 기간에 빠르게 세력을 확장하며 명을 압박했고, 명은 내부적으로 임진왜란 이후의 재정난과 민중 반란 등 정치적 혼란으로 쇠퇴하고 있었다. 후금은 1619년에 명을 공격하여 요동지역의 주도권을 확보하였다. 이런 상황에서 명은 조선에 군사지원을 요청하였고, 광해군은 강홍립에게 명나라 군사지원을 지시하는 한편, 후금에 대한 공격을 억제하도록 구체적으로 지시하였다.

1627년 강홍립은 15,000명의 군사를 이끌고 명의 군대에 합류해 참전하였으나, 후금의 공격에 참패하였다. 이후 강홍립은 남은 병력과 함께 후금에 항복하였다. 광해군은 명의 추가적인 군사지원 요청에 응하지 않았다. 1623년에 인조반정으로 광해군이 왕위에서 쫓겨났다. 명의 책봉을 받은 인조는 친명정책을 명확히 했고, 후금은 1627년 조선을 침략하였다. 후금의 공격에 처하면서 조선은 형제 관계의 화친을 맺었지만(정묘호란), 후금이 점점 더 강성해지면서 어려움에 처했다. 후금은 심양을 점령하고 1636년에 청으로 국호를 변경했다(1644년 북경 점령).

광해군은 후금에 대해 적대적이지 않으면서, 군사적 충돌을 피할 수 있었다. 하지만 친명정책을 내세운 인조는 정묘호란에 이어, 병자호란을 겪고 청에 항복하였다.

■ 현재 국제관계가 광해군 시기와 다른 점

조선 광해군 때는 한족의 명나라가 여진족의 청나라로 전환되는 상황에서, 중국 대륙의 강국이 바뀌는 동안 조선은 시간을 가지고 바꿔 타기를 하면 되던 시기이다. 그리고 정치적, 군사적 문제일 뿐 경제적 영향력은 거의 없었다. 그러나 지금은 미국이 주도하는 세계질서가 유지되고 있는 상황에서 새로운 강국인 중국이 나타나서 경쟁하는 구도이다. 여기에 한국은 두 나라와 대단히 크고 밀접한 경제관계에 있다. 즉 두 나라 중에서 시간을 가지고 선택을 할 수 있는 경우가 아니다.

미중 두 나라가 패권경쟁을 지속하면서 한국의 지원을 요구하고 있고, 그 반대의 경우는 보복을 위협하고 있다. 그런데 그 적대적인 두 국가가 모두 존재하면서 경제 전쟁, 패권경쟁을 지속할 상황이기 때문에 한국의 선택은 매우 어렵다. 또 여기에 북한 문제가 끼어 있다. 한국이 경제문제만 포기할 수 있다면, 한국의 선택은 일단 간단할 수도 있다. 하지만 모두가 알듯이 수출입 경제는 한국의 운명을 좌우할 핵심 요소다. 한국뿐만이 아니라 유럽 등 미국의 동맹국들도 중국과의 관계에서 일치된 모습을 보이지 못하고 있는 어려운 상황이다.

하지만 미국과 유럽, 아세안(인도네시아 인구 2억8천만 명 포함 6억 명)과 인도(인구 14억5천만 명) 등 한국이 경제적 협력을 확대할 개방된 국가는 많이 있다. 현재 세계 인구는 81억 명, 2030년에는 약 85억 명으로 예상된다. 과감하게 주변국들과의 경제적 협력관계를 강화함으로써, 중국과의 경쟁력을 확보할 수 있도록 노력할 때이다.

── 02 ──

정치세력 간 갈등 조정을 잘하다

　민주주의 국가에서도 정권을 잡으려는 정치세력 사이의 경쟁이 치열하다. 따라서 이러한 세력들 간의 경쟁과 협력은 한 국가의 안정과 발전에 필수적 요소가 된다. 하지만 도가 넘는 대립은 국가와 사회를 혼란으로 이끌 정도로 위험하다. 남아프리카공화국의 넬슨 만델라 대통령과 독일의 알겔라 메르켈 총리는 갈등을 조정하고 국가를 발전시킨 큰 업적을 남겼다. 두 사람은 갈등 상황에서 협력과 타협을 모색하여 다른 인종과 문화가 공존할 수 있는 사회를 만드는데 기여하였다.

　세종은 권력을 잡기 위해 피를 흘리지 않았고, 정치세력의 갈등을 현명하게 조정하였다. 세종시대의 역사적 성과는 모두 여기에서 출발했다.

태종 :
권력을 향한 혈전

강성하던 원제국의 힘이 약해지고 중국에서 명나라가 새로 만들어질 때, 고려의 공민왕은 친원파들을 내몰고 개혁을 추진했다. 그러나 공민왕의 개혁도 실패하고, 고려의 정치는 문란해져 갔으며, 밖에서는 홍건적과 왜구들이 침략하여 백성들을 괴롭혔다.

이렇게 되자 고려에는 새로이 나라를 개혁하고자 하는 사람들이 나타났고, 이성계를 중심으로 힘을 모아 조선을 건국하였다. 1392년 태조 이성계의 건국 이후, 세종의 아버지인 태종 이방원은 조선이 건국되는 과정에서부터 많은 중요한 일을 하였다. 그런데 태조가 왕의 자리를 태종의 이복형제에게 넘겨주려 하자 그들을 모두 죽이고, 자신의 형 정종을 왕으로 내세웠다가 스스로 왕이 되었다.

세종이 태어난 때는 새 왕조가 건국된 된 후 왕족과 공신세력, 왕족 간에 피 흘리는 왕위쟁탈전이 벌어지는 혼란기였다. 태종은 왕권 강화를 위해 공신과 외척들을 제거하고, 사병을 혁파하였다. 심지어 태종은 왕위를 세종에게 물려준 후에도 군사권을 쥐고 있었는데, 병조에서 군사문제를 자신에게 제대로 알리지 않았다 하여 병조참판을 극형에 처하고, 20여 명을 몰아 죽였다. 또 세종의 장인인 영의정 심온(沈溫, 1375~1418)이 세력화될 것을 우려하여 처형하기도 했는데, 이때는 새로운 권력자와 구세력 또는 새로 등장하는 실세 사이의 살육의 시기였다.

세종,
자신을 반대한 황희를 재등용하다

왕실의 역사 속에는 형제간에 왕의 자리를 다투다가 죽이는 일이 벌어지기도 하고, 때로는 왕의 자리를 뺏거나 잃지 않으려는 생각에서 가까운 친족을 죽이는 일도 있었다. 사건에 연루되면, 일족이 파괴되었다. 세종이 왕이 되면서, 양녕대군에 호의적이었던 신하들은 마음에 부담을 가지고 있었다.

양녕대군의 폐세자를 반대한 대표 인물이 황희였다. 대사헌, 판서 등을 두루 거친 황희는 태종의 명령으로 귀양까지 갔다. 세종은 사헌부의 반대에도 불구하고, 황희를 서울로 부르고, 그 다음엔 직첩과 과전을 돌려주고, 이어서 의정부 좌참찬을 거쳐 예조판서로 관직에 복귀시켰다(세종 4년). 황희의 재등용은 단지 그 한 사람에 대한 사면 이상의 차원 높은 조치였다.

세종 시기는 정적이나 반대세력에 대한 숙청이 없었던 시기라는 평가를 받는다. 세종은 왕이 된 후에도 형인 양녕대군과 늘 가까이 지내면서 아무런 다툼을 하지 않았다. 세종은 양녕대군의 잘못에 대해서도 너그러운 용서를 선택하였다. 신하들이 양녕대군이 "임금을 속이고 불경한 죄는 징계하지 않을 수 없습니다. 지금 미리 방비하지 않으면 훗날의 변고를 예측할 수 없다"며 벌을 줄 것을 청했지만 세종은 "나의 뜻은 이미 정하여졌으니 다시 말하지 말라. 형제 사이에 작은 죄를 용서하지 않는다면 어찌 그것이 옳은 일이겠는가"라며 거부하였다(세종 10년).

또 "형이 큰 죄가 없는데 내가 어찌하여 불러 보지 않는단 말이냐. 간관은 오히려 불러 보지 않는 것을 잘못으로 생각해야 할 터인데 지금은 어찌하여 불러 보는 것을 가지고 간하느냐. 이것은 그대들이 말릴 성질이 아니다"고도 했다(세종 12년). 이처럼 세종은 세력 갈등을 잘 조정하는 인물이었음을 알 수 있다.

탁월한 조정자 황희 정승, 그 위의 세종

세종은 탁월한 정무 조율 능력을 가진 황희를 통해 신하과 왕 사이의 이견을 조정했다. 황희의 성격은 너그럽고 소탈했는데, 중요한 일에 집중하였고, 사소한 일에는 따지기를 즐겨하지 않았다고 한다. 황희의 등장은 그 자체만으로도 조정의 긴장을 완화하였다. 또 태종이 실시한 육조직계제를 세종이 의정부서사제로 바꾼 것은 왕권과 신권의 조화를 의미하는데, 이러한 중요한 역할을 담당할 사람으로 황희를 세종이 중용한 것이다.

이로써 세종은 신하들과 정책적 문제에 대한 직접적인 대립이나 갈등을 줄일 수 있었고, 오히려 최고 결정권자로서의 위상을 확보하였다. 재위 말기에 세종이 궁궐에 불당을 설치하여 대간들의 반발을 샀을 때도, 나이 86세의 황희는 세종과 대간들 사이에서 설득에 노력하였다(세종 30년).

노비의 생명과 권리 강화

세종의 개혁정치에는 양반 관료의 이익과 부딪치는 일들이 있었는데, 피지배세력과 지배세력의 갈등을 조정하는 것은 중요한 과제였다. 정치 관료 등 지배세력은 자신들의 이익을 잃지 않기 위해 집요하게 저항했고, 피지배세력은 개혁이 없이는 살아가기가 너무나 어려웠다.

세종은 혁명적으로 노비 제도를 폐지하지는 않았지만, 노비들에 대해서는 출산 휴가제, 사적 형벌 금지 등 생명과 인격에 대한 법적 보호를 강화하였다. 세종 때의 노비 제도는 세조 이후 실시된 '1천즉천'(부모 중 1사람만 노비여도 노비가 되는 제도)과는 다르다. 만약 세종이 노비 해방을 추진했다면 양반관료세력들과 전쟁을 했어야 할지도 모른다.

백성의 권리를 높이다

피지배계급인 농민들에 대해서는 흉년에 세금을 면제하고,

적극적인 구휼을 실시하여 백성들이 위기에 빠지지 않도록 노력하였다. 지방관들이 농민들의 기아나 유랑을 막지 못하는 경우, 엄격하게 책임을 물었다. 더불어 관리들의 불법적인 고문이나 형벌로 인해 백성들이 고통을 받지 않도록 법을 고치기 위해 노력했다.

불교와
화해를 원하다

세종은 절의 노비를 관청에 귀속시키고, 사원전을 삭감하였다. 종파는 선종과 교종 각각 18사로 정리하는 등 불교세력을 약화시키는 정책을 실시했다. 하지만 말년에는 대간들의 반대에도 불구하고, 궁궐 안에 불당을 만들어 종교행사를 했는데, 세종 내면의 종교적 관심으로 볼 수 있다. 동시에 고려시대까지 사회의 주류였던 불교세력을 왕실이 달래는 정치적 의미가 있었던 것으로 볼 수 있다.

이처럼 세종은 왕과 왕족, 왕과 신하, 관료 세력, 유교와 불교의 종교세력, 양반 지배층과 피지배층인 양인, 노비 등의 갈등을 조정하는 데 큰 힘을 쏟았던 것으로 볼 수 있다.

민주주의의 위기 :
갈등 조정에 탁월한 대통령

오늘날 전세계 민주주의 국가에서도, 그리고 한국 사회에서도 정치세력 간, 각 계층계급 간, 지역 간, 종교세력 사이의 갈등은 확대되고 있다. 정치세력은 사회 각 계층의 갈등을 봉합하고 조율하는 대신, 당리당략에 따라 갈등을 자극하는 상황까지 벌어지고 있다. 그런데 이렇게 상황이 악화되면, 사회의 통합력이 손상되고, 이로 인한 분열로 인해 심각한 사회적 대립과 충돌마저 벌어질 수 있다. 이렇게 된다면, 우리 사회는 사회 발전의 동력을 상실할 가능성마저 있다.

작금의 한국 정치 상황은 지역, 정당, 세대, 성(性), 연령, 종교 간의 대립까지 확대되고 있으며, 일부 물리적인 양상까지 나타내고 있다. 정치세력이 이러한 갈등 완화 대신 갈등을 자극하고 동원까지 모색하는 상황도 벌어졌다. 민주적인 논의와 타협의 과정은 상실되고, 힘에 의한 정치가 계속되고 있다. 이 문제를 해결하지 못한다면, 한국 사회는 쇠퇴의 경로에 진입할 가능성이 있다.

민주주의 국가에는 정당이 있고, 이런 정당들의 활동을 통해 민주주의가 작동한다. 그러나 이 과정에서 경우에 따라서는 각 당의 극단적인 정책이나 당리당략이 국가를 혼란스럽게 한다. 특히 이런 당리당략에 국민 대중이 호응하거나 이용될 때는 극단적인 대립으로 국가 정책이 오도된다. 사회적 갈등의 확산으로 경제에 악영향을 주거나 사회 전체의 후퇴를 만들기도 한다.

정치는 결국 사람을 설득하고 조율하는 과정이다. 갈등을 조정하고 민주적인 해결책을 찾는 것이다. 정치세력 사이의 갈등 조정은 대통령의 가장 중요한 경륜의 하나가 된다. 지금 시급한 한국 대통령의 과제이다.

─── 03 ───

과학기술로
경제발전에 노력하다

    경제는 한 국가가 유지 발전되는 핵심 과제이다. 지금은 반도체, 자동차, 2차전지, 바이오, 조선, 화학, 철강 산업 등이 한국의 핵심 산업이지만, 인공지능(AI) 과학기술이 모든 산업분야에 혁신을 불러올 중대한 대전환의 시기라고 한다. 한국경제가 성공적으로 도약할 것인지, 아니면 국가와 기업 사이의 사활적 경쟁에서 도태되어 현재의 경제 수준 지키기도 어려운 상황이 될 것인지 우려되는 막중한 시기이다. 국가와 사회, 기업의 총력이 결집 되어도 앞날을 확신하기 어려운 환경이다.

    후발주자로 선도국가를 따라가는 단계가 아니라, 선도국가들 사이에서 가보지 않은 길을 최강국들과 경쟁해야 살아남을 수 있다. 현재 국면은 어쩌면 대한민국이 처음 겪는 행복한 단계일 수 있다. 결국 국가의 정치, 국민의 통합, 기업의 환경도 최상의 상황을 만들면, 도약의 역사가 될 수 있다. 더하여 세종의 창의적 경륜이 우리의 열쇠일 수 있다.

**농민,
새로운 질서를 원하다**

조선이 건국될 수 있었던 중요한 이유는 새로 등장한 정치세력들이 주도권을 장악하기 위한 것이었지만, 그 바탕에는 혼란과 가난에 지친 국민 대다수인 농민들이 새로운 변화를 원했기 때문이다. 정치가 문란해지고 귀족들이 산과 강을 가르는 커다란 농장들을 장악함에 따라 고려의 농민들은 고통스러운 삶을 살아야 했다. 이러한 농민들의 어려운 생활은 이들로 하여금 새로운 세상, 즉 이성계와 같은 사람을 따르는 군인이 되게 하였고, 이들의 힘으로 이성계는 조선을 세우고 왕이 될 수 있었다.

새로 나라를 만든 태조 이성계는 과전법이라는 새로운 토지제도를 만들고 이에 따라 고려의 귀족들이 가지고 있던 땅을 몰수하여 관리들에게 나누어주고, 농민들에게도 땅을 돌려주는 한편 세금을 낮추어주었다. 그러나 땅이 작고 생산량이 적음에 따라 조선 농민들의 식량문제는 해결되지 않았다(과전법 - 관리들에게 등급에 따라 토지를 나누어 주고, 그 땅에서 나는 생산물의 일부를 거두어 생활기반으로 쓸 수 있게 한 제도이다. 고려의 귀족들은 토지를 빼앗겼으며, 조선에 충성하는 신하들에게 분배해 주었다).

농사꾼 세종

세종은 나라의 근본이 농업에 있었기 때문에 농사일에 매우 관심이 많았다. 세종 시기는 가뭄이 잦았고, 이로 인해 농사는 매우 어려운 경우가 많았다. 그래서 1430년경에는 농사기술의 발전과 물 부족 문제를 해결하기 위하여 수차 보급을 시도하기도 했다. 뿐만 아니라 세종 자신이 직접 후원에 밭을 만들고 경작하며 농사일을 경험하였다.

농업 과학자 세종

세종은 백성들의 식량문제 해결을 위하여 많은 노력을 했는데,

그의 생각은 이전의 관리나 왕들과는 달랐다. 세종은 농경지 확대와 농업기술의 개량을 통한 식량의 증산을 추진하였다. 세종의 노력은 세금제도 개혁과 농업기술의 발전으로 이어졌다. 특히 백성들의 삶과 죽음에까지 영향을 미치는 홍수와 가뭄을 해결하기 위하여 1441년에는 측우기를 만들도록 지원하였다. 풍기대를 설치하고 관측자료를 모아 지세에 따른 바람과 기후, 농사와의 관계를 살폈다.

세종은 농사기술의 개량을 위해 농업 관련된 책을 만들도록 하였다. 이렇게 하여 1430년에 반포된 책이 유명한 『농사직설』인데, 세종은 집현전 학자 출신인 정초에게 지시하여 여러 지방의 나이 많고 경험 많은 농민들의 경험을 정리하게 하였다. 이렇게 한 이유는 여러 지역의 풍토와 곡식들이 다르므로 경험을 통한 가장 적절한 방법을 찾아 널리 전하려 한 것이다. 또 이렇게 책을 만든 후에는 그 자신이 궁궐 후원에 시험용 논밭을 만들고 직접 농사를 지어보는 노력까지 하였다. 세종은 농민들의 경험을 존중하였고, 그것을 구체적으로 직접 실험까지 해보는 신중한 사람이었으며, 실험정신을 가진 과학자였다.

**경제 대통령
세종**

나라와 백성의 흥망이 농사에 달려 있었기 때문에 세종은 농사에 관심이 정말로 컸다. 세종은 농사를 짓지 않는 땅을 찾아내 개간하여 농사를 짓도록 명령하였고, 좋은 곡식의 종자를 잘 조사하여 찾아내도록 하였다. 또 농민들이 씨앗이 떨어져서 농사를 짓지 못하게 되면 수령을 벌주어 책임을 지우기도 하였다.

세종은 농사가 잘되었는가를 직접 확인하는 노력도 하였다. 호위무사와 신하 몇 명만을 데리고 서울 근교를 돌아다니며 직접 농사의 작황을 확인하기도 했다. 그리고 농사가 잘못되면 자신의 잘못이라 하여 스스로 책망하고 반성하였다. 이렇게 책임감이 강하고, 백성들의 생활을 직접 확인하고자 노력하였기에 세종 때의 백성들은 개선된 생활이 가능하였다. 이런 노력으로 세종 때 농지당 생산량이 고려말에 비해 크게 늘었다.

국가산업의 중심이 농업인 조선에서는 국가 재정 역시 농업에 의존하고 있었고, 백성들의 생활도 농업에 달려 있었다. 따라서 세금의 근간인 전세를 개편하는 것은 핵심 과제였다. 세종은 농지에서 거두는 세금 문제를 제기하고, 중장기적 과제로 추진하여 17년 만에 제도 개혁을 이루었다. 이 과정에서 세종은 각 지역 농민들의 의견을 충분히 수집하였는데, 그 수가 17만여 명에 달했다.

이로써 농지에서 걷는 세금은 농지의 질에 따라 6등급, 매년 작황에 따라 9등급으로 나누어 세금을 걷도록 함으로써 농업 수익에 따른 공정한 세금에 가까워졌다. 세종 때에도 수재와 가뭄으로 인한 농업의 어려움은 거의 매년 반복되었다. 이러한 농업 상황에서 합리적인 세금제도는 농민들의 생산과 안정적인 생활에 직접적인 영향을 주었다.

세종은 나라 경제와 농민 경제에 대한 깊은 이해와 통찰을 가진 인물이었다.

"기업은 2류, 정치는 4류"
- 지금은 1류 대통령이 필요하다.

조선과 달리 지금 한국의 국내총생산에서 농업의 비중은 크지 않다. 농어업의 비중은 1~2% 수준이고, 농업인구는 3~5% 정도인데, 농업인구 감소를 과학기술로 해결해야 한다. 한국은 지금까지 수출주도 경제구조로 현재의 발전을 이루어 왔다. 그런데 세계의 공장이 되어버린 중국의 급격한 첨단기술 성장으로 인해 한국의 수출주도 산업이 위기를 맞고 있다.

1995년에 한 재벌 회장에게서 시작하였던 "한국의 기업은 2류, 행정은 3류, 정치는 4류"라는 말이 다시 유행하고 있다. 그로부터 2년 뒤인 1997년 IMF 외환위기가 있었다. 그때 한국 기업이 2류인 것은 사실 보통 일이었다. 그때 우리는 대부분이 1류가 아닌 국가였고, 1류와 경쟁이 많지 않았기 때문이다. 그러나 지금 한국은 1류와 경쟁하는 국가이다. 그런데 아직도 정치가 4류라는 말이 나오면 안 된다. 강대국의 정치는 2류여도, 국가가 위협받지 않는다. 그러나 한국의 국력으로는 정치가 1류여야 국가의 미래를 안정적으로 운영할 수 있다.

경제 과제 해결에는 너무나 짧은 5년 임기의 대통령이라고 해서, 미봉책으로 현재의 단기적 이익만을 추구하는 대통령이 된다면, 향후 한국경제는 되돌이킬 수 없는 단계에 접어들 수 있다. 과학기술과 국가적 핵심 산업이 1류가 될 수 있도록 집중적인 투자와 지원이 필요하다. 한국경제의 다음 10년, 그리고 30년을 좌우할 중요한 시기이다. 지금 우리에게는 과학기술과 시장경제에 대한 깊은 이해와 조정능력을 가진 1류 대통령이 꼭 필요하다.

정사를 보고 경연에서 『대학연의』를 강하다가 민생의 어려움을 이야기하다

정사를 보고 경연에 나아갔다. 『대학연의』를 강하다가 〈채미편〉과 〈군아편〉에 민간에서 간고를 근심하고 탄식한다는 말에 이르러, 정초가 아뢰기를,

"임금 노릇 하기의 어려움과, 백성을 보호하기의 어려움과, 민생의 질고와, 국운의 안위를 신들이 비록 바른대로 말하고자 하더라도, 어찌 능히 이와 같이 상세하겠습니까. 삼가 생각하옵건대, 전하께서는 진서산(眞西山)의 천고에 충론을 취하여 잠규를 삼으소서. 우리나라 백성의 생계가 비록 아내를 팔고 자식을 파는 처지에는 이르지 않았지마는, 그러나 전하께서 오늘날의 마음을 잊지 않으시면, 국가가 매우 다행할 것입니다."

하니, 임금이 말하기를, "내가 마땅히 마음 깊이 품어 잊지 않겠노라." 하였다. 인하여 말하기를, "**우리나라 백성이 살아가는데 어찌 곤궁한 사람이 없겠느냐.**" 하니, 탁신이 대답하기를, "입을 것도 없고 먹을 것도 없이 곤궁하여 하소연할 데가 없는 사람이 여염 사이와 촌항 가운데에 혹시 있다 하더라도, 이는 다만 백성을 다스리는 사람이 살피지 못한 것뿐입니다."

하니, 임금이 말하기를, "**내가 궁중에서 나고 자랐으므로, 민생의 간고한 것은 다 알지 못한다.**"고 하매, 정초가 아뢰기를, "소민(小民)을 찾아서 물으면, 알 수 있을 것입니다." 하니, 임금이 말하기를, "그렇다."고 하였다.

『세종실록』 2권, 세종 즉위년 12월 20일 을미 1번째 기사 1418년

04

교육으로
국민을 도전하게 하다

　세계 역사에 오늘날에도 훌륭하게 사용되는 문자를 만들고, 국민을 교육하여 주인으로 서게 하려 한 왕이나 대통령은 세종대왕 외에는 알려진 사람이 없다. 부모가 자식을 사랑하는 방법 중에서 가장 중요한 것은 현명한 사람이 되게 해주는 것이다. 현명한 사람이 되기 위해서 공부를 하는데, 첫걸음은 문자를 배우는 것이다. 사람이 글을 배우면 세상의 지식과 경험을 알게 되어 수백 년, 수천 년의 지식을 배울 수 있다.

　사람은 지식을 통하여 보다 나은 세상을 만들고, 창조적인 미래를 만들 수 있게 된다. 세종은 국민이 배우고 깨우쳐야만 '나라의 힘'이 강해진다고 믿었다. 단순히 왕이 잘 다스리는 나라가 아니라, 국민 스스로 생각하고 문제를 해결하며 사회를 이끄는 나라야말로 진정한 강국이라 생각한 것이다. 세종은 국민의 지식 역량과 이를 통합 창출하려는 원대한 목표를 가진 지도자였다.

지배계급의
통치 수단이 된 한자

조선은 중국이라는 문화와 문명이 발달한 나라의 옆에 있었다. 조선은 한자와 더불어 중국의 사상과 정치제도, 문화를 배워 왔다. 그러나 한자는 일단 배우기가 어려워서 가난한 나라의 백성들이 문자 생활을 하는 것은 불가능하였다. 소수의 귀족들만이 교육을 통해서 한자를 익히고, 그들끼리만 한자를 가르치면서 백성들과 자신들을 구별하였다.

한자를 통해서 지배계급은 백성들을 다스리는 방법을 익히고, 자신들의 권력을 유지하고, 자신들이 백성들과 다른 사람이라는 사실을 보여주는 수단으로 이용했다. 지배계급은 자신들의 자식은 공부를 시켜 출세하게 하는데 노력했지만, 백성들에게는 이런 기회를 주지 않았다. 오히려 백성들이 글자를 알고, 옳고 그름을 따질까를 걱정했다.

한글 창제의 목적은
국민의 권리 찾아주기

세종은 우리 역사에 커다란 업적을 남겼다. 백성들이 보다 나은 삶을 살 수 있도록 노력했는데, 그중에서도 탁월한 업적이 한글 창제이다. 세종의 한글 창제가 정말 위대한 것은 그 목적이 백성들이 문자를 몰라서 억울한 일을 당하지 않게 하려 한 귀한 뜻에 있다.

『세종실록』 102권, 세종 25년 12월 30일 경술
- 훈민정음을 창제하다

"이달에 임금이 친히 언문(諺文) 28자를 지었는데, 그 글자가 옛 전자를 모방하고, 초성·중성·종성으로 나누어 합한 연후에야 글자를 이루었다. 무릇 문자에 관한 것과 이어(俚語)에 관한 것을 모두 쓸 수 있고, 글자는 비록 간단하고 요약하지마는 전환하는 것이 무궁하니, 이것을 훈민정음(訓民正音)이라고 일렀다."

『세종실록』 113권, 세종 28년 9월 29일 갑오
- 예조판서 정인지의 서문

"지혜로운 사람은 아침나절이 되기 전에 이를 이해하고, 어리석은 사람도 열흘 만에 배울 수 있게 된다. 이로써 글을 해석하면 그 뜻을 알 수가 있으며, 이로써 송사를 청단하면 그 실정을 알아낼 수가 있게 된다."

가난한 백성들은 문자를 몰라서 세상일의 옳고 그름을 제대로 공부할 수 없었고, 관리들이 하라는 대로 할 수밖에 없는 수동적인 사람이 될 수밖에 없었다. 백성들은 직접 말로 전하지 않으면 편지 한 장을 쓸 수가 없었고, 자기 재산과 관련된 계약서 한 장도 자기 눈으로 확인할 수 없어서, 자신들의 권리를 지키기도 힘들었다. 이러한 백성들의 억울한 상황을 세종은 고치고자 한 것이다.

세종!
직접 한글을 만들다

세종은 백성들을 위하여 누구에게나 쉬운 글자를 만들고자 하는 생각을 했다. 세계 역사상 유례없는 생각을 했다고 해도 과언이 아니다. 백성들을 강하고 현명하게 만들고 인간으로서의 권리를 찾아주고자 하는 원대한 이상을 시도했다. 세종은 자신이 몸소 한글 창제에 나섰다.

세종은 대궐 안에 정음청이라는 기관을 만들고 본격적으로 한글 만들기에 나섰다. 음운학에 대한 지식을 바탕으로 발음기관의 모양을 따라 글자를 만들고 이렇게 해서 1443년(세종 25년)

에 28자를 완성한 후 백성에게 가르치는 바른 소리라는 뜻을 가진 '훈민정음'이라고 이름하였다.

이미 음운학에 깊은 지식이 있었던 세종은 명나라의 뛰어난 음운학자인 황찬에게 성삼문과 신숙주를 보내 필요한 부분을 알아오게까지 하면서 한글 창제를 보완하였다. 세종은 한글을 만든 후 즉시 학자들에게 훈민정음을 이해할 수 있는 해설서를 만들게 하였고, 아들인 왕자들에게도 한글로 된 책을 만들게 하였다.

한글 보급을 반대하는 신하를 벌하다

세종이 한글을 만들고 보급에 나서자 세종의 뜻을 이해하지 못한 일부 학자들이 세종에게 반대하고 나섰다. 집현전 부제학 최만리 등은 중국을 섬기고 있는데 글자를 새로 만드는 것은 잘못이며, 제 나라 글자를 가지는 것은 오랑캐들이나 하는 짓이라며 반대하였다. 이에 대하여 세종은 매우 엄하게 대응하였다. 우리말이 중국과 달라 한자를 쓰는 것이 여러 가지 불편이 있었고, 백성들이 문자를 사용하지 못하고 있는데 새로 글자를 만드는 것을 반대하였기 때문이다.

세종은 이들 반대한 학자들을 불러 토론하며 이들을 설득도 하였지만, 자신의 뜻을 관철하기 위하여 이들을 처벌도 하였다. 일부는 의금부에 가두었다가 풀어주었고, 일부는 매를 100대를 때렸으며, 일부는 파직시켰다.

한글 보급, 변화의 시작
- '홍길동의 도전'

관리를 뽑을 때 한글 시험을 보기도 하였고, 서리들에게 한글을 가르치기도 하였다. 또 『용비어천가』, 『석보상절』, 『월인천강지곡』을 펴냈고, 『논어언해』, 『삼강행실도』 등의 책도 편찬되었다. 이렇게 한글을 사용한 책이 사용되면서 한글은 퍼져나갔고, 한글을 반대한 문신들과 하급관리들도 한글을 배우게 되었다.

왕비도 한글을 썼고, 궁궐 안팎의 여자들도 한글을 익혀 글을 쓰기 시작했다. 백성들도 한글을 차츰차츰 익혀나갔다. 세종의 지시도 한글로 발표되기도 했으며, 나라의 중요한 알림도 한글로 반포되었다. 배움의 기회를 갖기 어려운 백성들도 짧은 시간에 한글을 익히게 됨에 따라, 의사소통과 기록, 정보 전달 등 생활에 큰 도움이 되었다.

조선에서 빠르지는 못했지만, 백성들에게 점차 한글이 보급되었고, 양반가 여성들이 한글로 편지나 글을 쓰는 일이 많아졌다. 또 백성들이 한글로 불경을 읽는 일도 있었다. 17세기부터 민간에서의 한글 사용이 더 많이 확산되었다. 최초의 한글 소설로 알려진 〈홍길동전〉은 이 시기에 한글 보급이 크게 증대했음을 설명한다.

세종 16년에 태어난 홍길동은 조선 백성에게 홍길동을 꿈꾸게 했다! 세종도 알지 못했던 원대한 꿈은 도전하는 국민을 만드는 것이었다.

**한국의 미래,
도전 교육에 달려 있다**

한글은 그 문자의 과학적 원리와 편리성이란 측면에서 지금 세계에서 가장 많이 쓰이는 알파벳 이상이라는 평가이다. 그리고 컴퓨터로 글을 쓰게 된 지금에 와서도 한글의 과학성과 편리함은 빛나고 있다.

세종이 백성을 어리석음에서 벗어나게 하려 했던 그 시작은 문자 발명이었지만, 그 근본은 교육이다. 지금 20세기에 한국의 경제적, 민주적 성장 원인으로 한국인의 교육이 대표적으로 지목되고 있다. 한국인의 대중적 교육 수준과 지적 능력이 높아지는데, 세종의 한글은 막대한 기여를 하였다.

교육을 통해서 개인과 조직의 능력이 확대되고, 결국에는 경제발전, 사회 안정, 혁신과 경쟁력 강화로 이어진다. 특히 기술혁명의 시대에 접어든 지금, 교육의 역할은 더욱 강조되고 있다. 새로운 산업과 기술의 발전은 결국 교육을 통해 길러진 인재들에게 달려 있으며, 국가가 얼마나 체계적으로 교육 시스템을 구축하고 지원하느냐에 따라 미래의 경쟁력이 좌우된다. 한국이 '성공한 개발국'을 넘어 글로벌 선도국가로 도약하기 위해서는 교육이 더욱 강력한 무기가 되어야 한다.

5천만 인구의 역량으로 15억 인구의 중국과 경쟁해야 한다. 개방사회인 한국의 장점을 미국, 유럽, 인도 등과의 협력 증진으로 연결해야 한다. 남북관계가 개선되면, 미래를 위하여 북한 청소년들의 과학기술교육을 지원할 필요가 있다. 연구개발 인력과 투자, 모두에서 경쟁이 치열해지는 현재의 환경을 극복할 수 있도록 국민의 자발적 역량을 모아낼 수 있는 대통령이 절실히 필요하다.

―――――― • 05 • ――――――

과학과 학문을
발전시키다

1) 과학기술을 발전시키다

최초의 인공위성 발사는 소련의 스푸트니크 1호(1957년)였는데, 우주 탐험의 시대를 열면서 세계적인 파장을 일으켰다. 이에 대응하여 미국은 많은 과학적 도전과 기술의 도약을 통해 1969년에 인간의 최초 달 착륙을 이룩했다(아폴로 11호 우주선). 미국의 케네디 대통령은 1961년에 인간을 달에 보내는 우주개발 계획을 결정했다. 이 계획은 과학기술과 교육에 대한 투자로 이어졌고, 미국의 과학기술 발전에 큰 기여를 하였다. 한국 역사에서는 세종이 과학기술 개발을 위해 노력한 창조적 인물이었다.

- -

시와 문장 대신
과학기술을 공부하다

세종 때는 우리 역사에서 과학과 문물이 가장 빠르게 발전한 때였다. 조선의 학자들이 모두 유학이나 시, 문장에 힘쓸 때 세종은 과학기술의 중요성을 주목한 탁월한 왕이었다. 세종은 역사와 지리, 경제생활과 관련된 학문 등에 더 관심이 많았다. 지금이라면 과학을 공부하는 것이 너무도 당연하지만, 그 시기는 권력자가 과학보다는 유교 경전을 공부하는 것이 당연한 때였다.

세종의 관심이 학문과 과학을 발전시킨 커다란 힘이 되었다. 그는 나라의 현실과 문제점을 찾았다. 그리고 발전의 방법을 제시하고, 발전의 길로 학자와 백성들을 이끌었다.

금속활자 혁신으로
인쇄술 발전

세종은 학문과 기술의 발전을 위하여 인쇄 기술을 발전시켰다. 그때까지의 인쇄는 목판인쇄가 기본이었는데, 이러한 목판인쇄술은 글씨를 하나하나 목판에 새겨서 만들었으므로 많은 시간이 걸리고 인쇄속도도 느렸다. 세종은 1421년(세종 3년)에는 인쇄량을 늘리기 위하여 인쇄술의 개량을 추진해갔고, 금속활자가 개량됨에 따라 인쇄속도가 빨라지고 활자는 아름답게 변했다.

국방 과학기술 선도

국방을 강화하기 위하여 화포를 개량하였다. 고려말에 최무선에 의하여 화약이 만들어지고, 태종 때에는 최무선의 아들 최해산에 의해 화약은 계속 개량되었다. 이것이 세종 때에도 계속 개량되었고 김종서가 여진을 정벌하는데 유용하게 사용되었다. 조선의 군사력은 더욱 강해졌다.

세계 수준의 천문학

세종은 천문학에도 큰 관심을 가졌다. 이 당시에 천문학은 시간과 계절, 그리고 기후 등과 관련이 매우 깊어 농업에 중요했다. 또 하늘의 뜻을 읽는다는 의미도 있어서 당시에는 정치와도

밀접한 관련이 있었다. 세종은 천문에 밝은 학자들을 우대하고 특별히 보살펴 줌으로써 천문학의 발전을 뒷받침하였다.

천문학자들을 중국의 북경에 보내 천문학 서적과 천문관측기의 설계도를 익혀오도록 했다. 정인지, 정초, 이천을 시켜서 천문관측기구를 만들었고, 관측을 통하여 일식과 월식 등 하늘의 변화를 이해하였다. 이어서 중국에서 쓰던 달력과 아라비아의 달력인 회회력을 검토하여 오늘날과 거의 비슷한 정확한 달력을 만들어냈다. 이렇게 만들어진 달력인 칠정산은 당시 세계 최고의 천문학 수준에 도달한 것이었다.

과학 인재의 등용

세종은 노비 출신이었던 장영실의 재주를 알아보고 신분이 낮음을 따지지 않고 정4품 벼슬을 주고, 자신이 생각한 물건들을 만들게 하였다. 1434년에는 물시계인 자격루를 만들게 했고, 물시계에 이어 해의 그림자로 시각을 재는 해시계(앙부일구)를 만들었다. 이러한 시계를 만든 세종은 이것들이 백성들의 생활에 도움이 될 수 있도록 사람들이 많이 다니는 곳에 설치하였다.

이러한 발명은 행정과 일상생활의 효율성을 높이는 데 크게 기여하였다.

세종의 발명 지원은 계속해서 이어졌다. 그는 가뭄과 홍수로 인하여 농사가 망쳐지고, 백성들이 목숨을 잃는 것을 해결하기 위하여 비가 내린 양을 재는 측우기를 설치하였다. 또 강이나 다리에 물의 높이를 재는 수표도 설치하였으며, 바람의 방향과 세기를 알기 위하여 풍향기도 설치하였다. 이렇게 만들어진 기구들을 정확하게 관측하여 책으로 편찬하고 농사일에 도움이 되도록 하였다.

세종 때 과학기술의 발전이 크게 이루어진 것은 세종의 과학에 대한 관심이 가장 큰 힘이었다. 그는 과학기술 인재들을 가까이에서 우대하며 과학기술 발전에 전력을 다할 수 있는 조건을 만들었다. 세종은 단순히 학문을 장려한 왕이 아니라, 보다 발전된 사회로 이끌기 위해 '과학기술'을 활용한 혁신적 지도자였다.

- -

경쟁력 위기의
한국 과학기술

한국은 IT산업, 2차전지, 자동차, 조선, 철강, 화학, 에너지, 바이오, 방위산업, 식품 등 거의 모든 산업에서 세계와 각축하는 기업들을 가지고 있다. 그 기업들은 모두 과학기술 연구의 발전과 함께 성장하였다. 앞으로도 한국의 운명은 이러한 과학기술의 발전과 인재의 육성에 달려 있다.

그런데 최근 한국은 과학기술 연구에서 주춤거리고 있다. 구글, 마이크로소프트 등이 주목하는 양자 정보기술의 경우, 한국은 미국 기술 수준의 10%에도 접근하지 못하고 있다는 평가다. 첨단 AI와 반도체 기술에서도 경쟁력이 우려되고 있다.

현재 미국과 중국은 세계 최고의 과학기술 경쟁을 벌이고 있다. 미국은 각각 기업과 연구기관들이 협력하며 혁신을 주도하고 있다. 반면에 중국은 정부의 강력한 지원을 바탕으로 인재양성과 해외 최고급 기술인력 유치를 하고 있다. 또 중국은 엄청난 과학 인력이 벤처 등 신산업에 국가적 지원과 민간자본 투자를 받아 뛰어들고 있다.

과학자가 행복해야
한국인이 산다

세종 때 집현전의 학자 수는 모두 모아도 20~90명 정도였다고 한다. 현재 한국의 대학과 전문 연구소, 기업 연구소의 연구 인력은 엄청나게 증가하였다. 그동안 증가한 인구수를 비교해도 현재 한국의 경제력과 연구 능력이 얼마나 많은 성장을 했는가를 알 수 있다. 하지만 의사같은 직종에 우수 인재가 집중되고, 이과학문에 대한 기피현상도 뚜렷하다.

현재 기업과 대학의 과학기술 연구자들의 능력과 연구는 한국 사회의 미래를 결정하는 의미를 갖는다. 특히 과학기술의 발전은 오늘날이나 옛날이나 과학자들 대우에 달려 있다는 점에서 세종은 선구자였다고 할 수 있다. 특히 재능이 있으면 신분도 가리지 않고 함께 일한 세종의 생각은 진정 훌륭한 왕의 자질이었다.

과학기술자가 존경을 받아야
한국이 산다

우리 과학기술자를 살려야 한다. 우수한 인재들에게 자유롭고 행복한 연구실을 주고, 국가적 총력 지원을 해야 한다. 국제적 협력 연구 등, 그들이 필요로 하는 모든 기회를 마련해 주어야 한다. 과학기술자들에게 연구에 전념할 수 있는 밝은 미래를 보장해야 하고, 과학기술자의 길이 의사보다 보람찬 삶이었다고 생각할 수 있어야 한국이 선진국으로 살아남을 수 있다.

인재의 과학기술자 선택을 위한 안팎의 경로를 확보해야 한다. 국내에서는 의사 직종에 인재가 몰리고 있는데, 의료인공지능 등 의과학자 양성 방향을 제시할 필요가 있다. 빌 게이츠가 10년 내 인공지능이 의사를 대체할 것으로 전망했다. 세계의 거대기업 마이크로소프트, 구글, OpenAI, 테슬라, 메타 등에서 개발할 세계적 인공지능 의사와 제약바이오 회사들에 한국 의료 산업도 잠식될 가능성이 있다. 더불어 한국의 인구감소에 대응하여, 해외의 우수 과학인력을 청소년 시기부터 양성·유치하도록 대학과 기업 모두에 특별한 지원을 해야 한다.

과학기술 최우선, 과학인재 최우선이라는 생각으로 그들과 함께할 혁신적 대통령이 필요하다.

2) 학문의 발전을 이끌다

학문의 수준은 그 국가의 능력을 대변한다. 세계 최강국은 최강의 학문 수준을 가지고 있고, 그러한 연구의 축적과 연구 능력이 그 국가의 강성과 발전을 지탱한다. 성공하는 사회는 늘 새로 배우고 토론하는 것이 가능한 열린사회이다. 이 속에서 배우고 함께 생각할 줄 아는 인재가 등장하고, 이런 자질을 가진 인재가 세상에 기여를 한다.

세종은 이러한 신념을 갖고 학문의 발전에 힘썼고, 그 결과 조선은 눈부신 문화와 학문의 도약을 이룰 수 있었다.

학문으로 길을 닦은 군주, 세종

왕이 되기 전에도 세종의 배움은 매우 부지런했으며, 왕이 된 후에도 독서와 토론을 그치지 않았다. 그는 매우 성실한 사람이어서 날이 밝으면 조회를 받고, 나라의 정치를 살폈다. 세종은 집현전을 확대하고 학자들을 모으고, 그들과 토론하기를 즐겼다. 한 번도 경연에 나가기를 게을리하지 않았다.

내전에 들어가서도 글을 읽었는데 손에서 책을 떼지 않았다. 늘상 배우는 것과 지식을 나누는 토론을 중요시한 사람이었다. 이러한 성실함이 훌륭한 업적의 바탕이었음을 알 수 있다. 특히 스승의 가르침이나 경연 등을 통해 다른 사람의 생각을 듣는 것을 즐겼던 것은 세종의 탁월한 능력의 바탕이 되었다.

조선뿐만이 아니라, 우리 역사에서 그처럼 학문에 열중한 왕은 없었다. 세종이 느끼는 조선의 축적된 학문 수준은 상당히 미진한 것이었다. 조선왕조의 사상적 바탕이 된 성리학도 고려 말에 수입되어 소개되는 수준에 있었으며, 중국의 법제나 많은 역사서에 대한 연구자도 부족하였다.

조선의 학문과 예술을 연
세종의 집현전

조선의 학문과 제도, 문물의 수준이 중국에 비해 떨어짐에 따라 먼저 중국의 앞선 학문과 제도, 문물을 수입하고 익혀서 빨리 따라가려는 세종의 노력이 시작되었다. 이 목표를 위하여 세종은 학자들을 집중적으로 양성하고 이들을 학문에 집중하게 하였다. 이런 생각에서 이루어진 것이 집현전의 확대였다. 세종은 그동안 역할이 크지 않았던 집현전의 연구기능을 확대하고, 뛰어난 학자들을 이곳에 모았다.

집현전은 오늘날에도 기억되는 중요한 문화적 업적을 만들어 냈다. 세종은 집현전을 궁궐 내에 두고 친히 관장했다. 집현전의 관리는 과거에 합격한 사람 중에서도 직접 선택하였으며, 그들에게 여러 가지 예외적인 특권을 주었다.

집현전 학자들은 다른 관리들과는 달리 이리저리 옮겨 다니지 않고 집현전에서 계속 일할 수 있었고, 집이나 절에서 학문에 몰두할 수 있는 특별휴가를 받기도 했다. 대체로 약 20명 정도가 집현전에서 일을 하였는데 36년 동안 집현전에서 일한 관리들은 약 90명이었으며, 서거정, 성삼문, 신숙주, 양성지, 정인지 같은 우리가 잘 아는 유명한 사람들이 포함되어 있다.

집현전에 부여된 임무는 다양했다. 학문적인 연구에서부터 왕의 정치적인 자문에 이르기까지 광범위했다. 집현전의 임무 중에는 중국과의 외교에 관한 서류 작성을 돕는 일, 중국의 의례와 제도의 조사, 명나라의 사신 접대, 각종 책과 문헌의 수집 그리고 책의 편찬이 있었다. 특히 집현전 학자들에 의하여 이루어진 수십 가지의 편찬 사업은 큰 의미가 있었다.

유학, 농업, 역사, 지리, 법률, 의학 등 다양한 분야의 책들이 이곳에서 만들어졌다. 『농사직설』, 『태종실록』, 『팔도지리지』, 『향약집성방』, 『동국정운』, 『사서언역』, 『고려사』 등이 있다. 이러한 성과들은 세종의 집현전에 대한 지도와 후원이 바탕이 되었다.

세종, 음악인 박연을
"세상일에 통달한 학자"

세종은 종묘사직 제사, 조정의 조회나 연회, 사신이나 군사와 관련된 행사 등에 필요한 음악을 정리할 필요를 느끼고, 전악서와 아악서의 활동을 강화하였다. 세종은 집현전 학사인 박연의 특별한 재능을 보고 발탁하여 음악에만 집중하도록 하였고, 악기 제작을 위해 악기도감을 설치하였다.

이후 세종과 박연은 편경과 편종을 만들고, 궁중 의식과 종묘제사 등에 사용하는 아악을 정리하였다. 아악에는 우리 고유의 음악이 가미되었다고 한다. 이 과정에서 세종은 박연과 많은 논의를 했다. 세종이 박연을 "세상일에 통달한 학자라 할 수 있다"로 평한 것은 그의 음악예술인에 대한 깊은 존중 자세를 보여준다(세종실록 10년 2월 20일). 세종 재위 32년 중에 유일한 표현이다.

학문을 사랑한 왕, 학자를 아끼다

세종은 학자들을 극진하게 대우하고, 보살폈다. 세종은 밤늦은 시간 누가 공부를 계속하는가를 열심히 살펴보고, 격려하기도 했다. 그래서 늦은 시간에도 공부하는 학자들에게 밤참을 보내기도 하고, 새벽이 되어 책상에서 잠든 학자에게 왕의 옷을 덮어줬다는 일화도 있다. 이런 세종의 관심은 학자들의 노력을 자극했고, 따뜻한 배려에 대한 충성심도 만들어냈다. 세종은 학자들이 정치에 참여하지 않고, 각 학문 분야별로 집중적으로 공부하게 하여 전문적인 지식을 갖추도록 하였다.

토론을 통해 정책을 발전시키다

여기에 그치지 않고 세종은 직접 학자들과 토론에 나섰다. 경연의 본래 목적은 왕이 유능하고 학문이 높은 신하들로부터 공부를 하는 의미가 있었다. 그러나 오히려 신하보다도 많은 공부를 한 세종은 경연을 이용하여 신하들을 학문적으로 자극하고, 그들의 발전을 독려하는 기회로까지 이용하였다.

동시에 어떤 문제든지 왕의 맘대로 처리하기보다는 학자들과 함께 과거의 제도와 경험을 충분히 고찰하고, 여러 사람의 토론을 거쳐 의견을 모았다. 세종은 독단적인 정책 결정을 방지하고, 충분한 대비책을 가지고 정책이 추진되게끔 하였다. 왕 자신이 열심히 공부함으로써 토론을 통해 좋은 정책 결론을 도출하는 현명한 왕이었다. 세종은 학문과 실용이 조화를 이루는 집현전을 만들었고, 조선의 학문적 르네상스를 이끌었다.

현명한 권력자는
경청의 대가

역사를 돌아보면, 세상을 위태롭게 하는 권력자들의 공통점이 있다. 바로 '자신에 대한 확신'이 너무 강하다는 것이다. 주변의 의견을 잘 듣지 않고, 자신의 경험과 판단만을 앞세우는 경우이다. 대통령의 경우 자신의 경험과 판단으로 최고 권력을 획득한 경력이 있기 때문에, 이런 생각에 빠지게 되는 경우가 흔하다.

특히 주변 사람들의 지원과 협력보다 자신의 운이나 판단이 중요한 결과를 가져온 경우, 견제가 작동하지 않는다면 매우 위험할 수 있다. 정책이 충분한 검토 없이 추진될 가능성이 높아지고, 사회 전체가 예상치 못한 위기에 직면할 수도 있다. 이러한 위험을 방지하는 방법의 하나가 학문과 전문가를 존중하고, 경청과 토론하는 민주적 시스템을 갖추는 것이다.

사회 문제 해결과 정책 결정에 기여하는 학문

한국의 학문 수준은 분야에 따라서는 상당한 수준에 올랐다는 평가가 가능하지만, 국제사회의 축적된 최고의 수준에는 아직 부족한 분야가 많다. 국제적 연구 협력을 위한 네트워크 구축, 새로운 연구 분야 지원을 통한 학문적 다양성 마련 등이 필요하다. 인문사회과학 연구 강화로 창의적이고 혁신적인 학문 토대를 구축해야 한다. 그러나 연구 성과가 연구실 안에 갇혀 있으면 의미가 적다. 학문이 실제 사회문제 해결과 정책 결정에 기여할 수 있도록 연결하는 것도 필수적이다.

학문적 자율성을 보장하고 지원을 확대하여 학문적 역량을 축적해야 한다. 이러한 노력이 중장기적으로 한국 사회의 발전을 지속하게 하는 힘이 될 것이라는 점에서, 학문 발전에 큰 관심을 가지는 대통령이 필요하다.

집현전

학문을 좋아하던 세종이 왕이 된 후, 집현전을 설치하고 그 옆에는 많은 책을 보관하는 장서각을 지어 책을 관리하게 했다. 그리고 재주 있고 덕망 있는 선비 10여 명을 뽑아서 날마다 강론을 하게 하고, 학자들에게 오랜 고전을 연구하도록 했다. 세종은 집현전 학자를 임명하는 일에 매우 신중하였다.

집현전 학사들의 숫자는 집현전의 일이 늘어나면서 10명에서 20명으로 늘어났고, 이들은 둘로 나뉘어 왕과 세자의 학문을 지도했다. 또 왕의 명령을 글로 짓고, 역사를 기록하는 사관의 일도 했다. 세종은 학사들에게 학문을 전업으로 하여 종신토록 계속할 것을 격려하고 요구하였다. 집현전 학사에게는 왕의 선물이 주어졌고, 자주 왕을 만날 수 있는 기회가 주어졌다.

태종이 8회의 경연을 한 데 비하여 세종이 1,000여 회를 크게 넘는 경연에 참여한 것을 보면, 얼마나 세종이 열심이었는가를 알 수 있다. 세종은 신하들의 반대를 물리칠 때 집현전의 연구 조사를 이용하기도 했다. 많은 학자가 길러졌으며, 이들이 세종의 정치를 자문하고 지원하였다.

06

인권과 생명 지키기에 노력하다

    국가의 지도자가 해야 할 가장 중요한 일은 결국은 국민을 보살피는 일이다. 잘 사는 사람들이 계속 자기 일에서 발전할 수 있도록 하고, 어려운 사람들은 국가가 지원해서 안정적인 삶과 재기가 가능하도록 해야 한다. 그래야 사회의 안정과 발전이 오고, 곳곳에서 인재가 양성되어 다시 사회의 선순환된 미래를 이룬다. 미국의 인권대통령으로 불리는 링컨은 모든 사람이 행복하고, 세상의 발전에 동참할 수 있도록 한 대표적 인물로 기억된다.
    한국 역사에도 국민의 삶을 실질적으로 개선하기에 노력한 왕, 세종이 있다.

늘 가난한 백성의
생계를 걱정하다

세종은 백성들을 보호하기 위해 죄를 사면 해주는 명령을 자주 내렸고, 나라에 징발된 사람들을 늘 정해진 기한 안에 집으로 돌려보내 주었다. 왕의 행차 중에 백성들의 곡식을 손상 시키면 반드시 보상하도록 할 만큼 백성의 생활과 이익에 마음을 썼다.

강원도 행대감찰인 김종서가 강원도 내의 굶주리는 백성 729명의 조세를 면제해 줄 것을 청했다. 그런데 세금 면제에 대하여 반대하는 신하들이 있었는데, 세종은 어려운 백성들의 조세 부담을 면제해 주도록 분명하게 결정을 내렸다(세종 1년).

세종 3년에는 여러 해의 흉년으로 백성들이 먹을 것이 없었다. 그럼에도 불구하고 관리들이 백성들에게 빌려준 곡식을 거둬들이기를 심하게 하는 경우도 있었다. 이에 대해서 세종은 잘못을 지적하고 가난하여 갚지 못하는 사람에게는 강제로 징수하지 못하도록 하였다.

세종은 늘 백성들의 생계를 걱정하였고, 수령들이 멀리 떨어진 촌락과 마을에 직접 돌아다니며 백성들을 보살피게 하였다.

수령이 되어 지방으로 가는 신하들을 불러서 백성들을 잘 보살펴서, 백성들이 굶주려 몸이 상하고 병들어 죽지 않게끔 책임을 지도록 했다. 또 재물을 탐하여 백성들에게 피해를 끼친 관리는 엄하게 처벌하도록 하여 백성을 보호하고자 하였다.

서울의 성이 여러 곳이 허물어진 것을 처리할 것을 신하들이 건의하자 세종은 이것을 반대하였다. 일단 허물어진 곳만 수리하고 풍년이 들기를 기다리도록 하여 가난한 백성들이 공사에 동원되어 고생하는 것을 막았다.

노비의
생명을 지키다

세종은 노비 문제에 관심이 깊었다. 조선시대 노비들은 물건처럼 사고 팔고 하는 대상이었고, 심지어 목숨조차 함부로 빼앗기기도 했다. 노비가 자식을 낳으면 당연히 노비로 부려 먹을 뿐 사람으로 대접하지 않았다. 그래서 아이를 낳고도 제대로 쉬지 못하고 일을 하곤 했다. 이것을 안 세종은 여자 종이 아이를 낳을 때가 되거나 아이를 낳은 지 100일 안에는 일을 시키지 않도록 했다. 이것과 더불어 여종의 남편에게도 30일 동안의 휴가를 주어 산모를 돕고 잘 보살필 수 있도록 하였다.

조선의 왕인 세종이 노비제도를 없애지는 못했지만, 노비들도 인간으로서의 최소한의 대우를 받을 수 있도록 배려하였다. 이런 일들로 인하여 세종 때에 가축과 같은 대접을 받던 노비들에 대한 대우가 개선되었다. 주인들이 가혹한 형벌을 가하지 못하게 하였고, 노비를 죽였을 때는 처벌하도록 하여 노비들의 생명을 보호하였다.

나이가 많은 사람은 노비라도 대접을 하도록 하였다. 서울과 지방에서 매년 80세 이상의 노인을 불러 잔치를 벌일 때에는 노비도 빼지 않고 참석하게 하였다. 이 시기의 양반 관료들이 가졌던 신분 차별 의식의 생각하면 세종의 태도가 진전된 것이었음을 알 수 있다. 세종은 백성과 노비의 생명과 권리 보호에 노력하였다.

**형벌을
개선하다**

세종은 관리들이 마음대로 형벌을 가하는 것을 제도적으로 고치고자 노력했다. 백성들은 법을 모르게 하고 관리들이 적당히 판단하여 형벌을 가하던 것을 없애고자 하였다. 바람직한 법을 만들기 위하여 세종은 끊임없이 논의하여 수많은 사건에 대한 판례를 만들어 갔다.

중국의 법전을 두루 참조하여 형량을 정했고, 개인의 사정을 충분히 고려하여 처벌하도록 하였다. 세종은 고려말 이래의 잔인한 형벌, 불법적인 고문, 목숨을 함부로 여기는 관리들의 행동을 바꾸고자 하였다. 그래서 만든 중요한 내용이 여러 가지 있다.

> "모든 매질에 쓰이는 곤장을 규격화하고, 용의자에게는 매질하는 것을 금지하라."
>
> "죽을 죄를 지어 재판을 받게 된 자는 임금에게 세 번 항소할 수 있게 하라."
>
> "15세 이하와 70세 이상인 사람은 살인, 강도죄를 제외하고는 감옥에 가두지 못한다. 10세 이하와 80세 이상인 사람은 죽을 죄를 지었어도 감옥에 가두지 말라."
>
> "징역형을 선고받은 사람 중에서 부모가 70세 이상인 사람은 부모가 거주하는 지역에서 복역하도록 하라."
>
> "가난한 사람에게 내리는 벌금은 더욱 적게 내려라."
>
> "뇌물을 받은 관리는 액수의 다소를 불문하고 사면의 혜택을 받을 수 없다."
>
> "노비를 주인이 맘대로 처벌하는 경우에는 법의 처벌을 받는다."

세종은 오늘날과 같은 민주적인 법의 단계에까지는 이르지 못했다 하더라도 그 당시로는 인권을 보호하도록 법을 고쳤음을 알 수 있다. 특히 옥에 갇힌 사람 중에 병에 걸리거나, 추위에 얼고 굶어 죽거나, 고문으로 원통하게 목숨을 잃는 일이 없도록 명령하였다. 따라서 옥에서 죽는 죄수가 생기면 반드시 죄명과 감옥에 들어온 날짜, 병에 걸린 때와 약, 병 증세, 형벌을 받아 맞은 매 수를 반드시 보고하게 하였다.

세종은 이렇게 해서 생명을 함부로 해치지 못하게 하고 억울하게 목숨을 잃지 않도록 노력하였다.

백성들의 병 치료에 노력하다

세종은 백성들의 병을 고치는 문제에도 큰 관심을 가졌다. 세종 자신과 가족들도 질병으로 인한 아픔을 많이 겪었다(세종은 첫째 딸, 다섯째 아들, 일곱째 아들을 어린 나이에 잃었다. 50세에는 왕비가 세상을 떠났다). 이렇게 만연한 질병으로 인해 모든 사람이 고통을 받는 상황은 세종이 의학에 깊은 관심을 갖게 하였다.

세종은 치료 약을 찾고 알리기 위해 의약 책을 만들고, 이 책들이 널리 나누어지고 의학생들의 교재로 사용하도록 하였다.

1445년에는 의학 백과사전으로 평가되는 『의방유취』를 집현전 학사, 의관 등으로 하여금 만들어내도록 하였다(『의방유취(醫方類聚)』는 세종 때 김순의 등이 중국의 당, 송, 원, 명 등의 의학서적을 모아 편찬한 일종의 의학 백과사전이다).

세종은 의약 책을 만들도록 한 것만이 아니라 백성들이 의료 혜택을 받을 수 있도록 의료제도를 고쳤다. 이렇게 해서 중앙의료기관인 전의감, 왕실의 의료를 맡는 내의원, 일반 백성들을 위한 의료시설인 혜민서, 가난하고 의탁할 곳이 없는 사람들을 위한 동서활인서 등을 확충 정비하였다.

의학 교육기관인 의학습독청을 설치하였고, 재능 있는 사람들을 선발하기 위하여 국가고시를 실시하였다. 그리고 과거에 합격한 문관들이 의학 업무에 종사하게 하는 유의제도를 실시하여 유능한 의원을 배출하였다. 이러한 세종의 깊은 관심은 함경도와 제주도 같이 중앙에서 먼 곳에도 의관과 의약 책을 보냈다. 감옥의 죄수들도 죄의 크고 작음을 논하지 않고 병들지 않도록 잘 보호하고 치료할 것을 명령하였다.

세종은 단순히 학문과 문화만 발전시킨 성군이 아니라, 국민 한 명, 한 명의 삶을 챙긴 왕이었다. 형법을 개선하고, 의료 시스템을 정비하고, 가난한 사람을 구제하는 등 그의 정책 하나하나는 백성들의 실질적인 삶과 연결되어 있었다. 오늘날에도 국민을 위한 정책을 고민하고, 소외된 계층을 보호하며, 법과 제도를 정비하는 것은 세종을 떠오르게 한다.

사회보장 강화가
미래에 도전하는 인재를 만든다

　지금의 한국은 다양한 사회보장제도가 정착하고 있다. 기초생활보장제도, 주거안정 지원 제도, 청년 및 산모 지원 프로그램, 저소득층 자녀 교육 지원, 사회보험 제도(국민연금, 건강보험, 고용보험 등), 긴급복지지원제도 등이 기본적인 제도인데, 아직도 상당수의 사람들이 빈곤한 처지에 있는 것이 현실이다. 사회의 안전망 확충은 인간의 기본권을 지키는 동시에 사회 발전의 토대가 된다. 보다 많은 사람이 미래 발전에 도전할 수 있도록 사회보장을 확보해야 한다.

　의료문제는 국민의 생명과 관련된 문제이고, 사회와 국가가 유지될 수 있도록 지원해야 하는 근본적인 분야이다. 지난 코로나 시기를 보아도, 의료문제는 개개인의 질병 문제가 아니라 국가의 유지, 존망을 결정할 정도의 중대 과제임을 알 수 있다. 현재 한국의 의료보험과 의료시설, 의학 기술은 세계적 수준으로 알려져 있다.

하지만 많은 장점에도 불구하고, 국민건강보험의 지속 보장, 예방의료 확립, IT 기술을 활용한 다양한 의료 활성화, 의료 인력 양성 및 의료 산업 발전 등의 과제가 있다. 바이오산업 육성과 국가적 재난이 될 수 있는 전염병 등에 대한 대책 마련도 국가와 국민의 생존에 필수적인 과제이다.

국가의 지도자가 빈곤층의 문제에 깊은 관심을 가지고 문제 해결에 적극적으로 나서는 자세가 사회 발전에 중요한 영향을 미친다. 또한 향후 한국경제발전에 핵심 영역이 될 의료산업과 바이오산업에 관심이 높은 대통령이 필요하다.

4장

세종의 관점으로 보는 한국 대통령 BIG 4

대통령 선택 세종에게 묻다

한국 대통령 80년사 개요

1. 이승만(1948.7~1960.5 대통령)

2. 박정희(1963.12~1979.10 대통령)

3. 김영삼(1993.2~1998.2 대통령)

4. 김대중(1998.2~2003.2 대통령)

'세종의 성공을 만든 품성 6가지'와 '세종의 성공한 정책 6가지'를 기준으로 한국 대통령 'BIG 4'의 역사를 생각해 본다.

세종의 관점 : 성공하는 품성

1. 인자하고 현명한 왕
2. 재정을 소중히 여긴 검소한 왕
3. 용서할 줄 아는 왕
4. 비판을 허용하고 권력을 나눈 왕
5. 역사의 교훈을 실천한 왕
6. 친인척 관리에 노력한 왕

세종의 관점 : 정책의 성공

1. 전쟁을 막고 국민을 지키다
2. 정치세력 간 갈등 조정을 잘하다
3. 과학기술로 경제발전에 노력하다
4. 교육으로 국민을 도전하게 하다
5. 과학과 학문을 발전시키다
6. 인권과 생명 지키기에 노력하다

한국 대통령 80년사 개요

대한민국의 대통령사는 독재와 민주화, 경제성장과 사회 갈등이 얽힌 80년의 역사다. 초대 대통령 이승만부터 현재의 윤석열까지, 시대마다 각기 다른 리더십이 펼쳐졌고, 국민은 그 과정에서 민주주의 발전을 위해 끊임없이 노력했다.

이승만 : 자유 민주주의 단독정부 수립, 6.25!, 4.19!

초대 대통령 이승만은 1948년 국회에서 선출되었다. 6.25전쟁 이후 계엄령과 불법으로 헌법을 개정하여 권력을 연장했다. 결국은 독재정치에 분노한 국민의 저항을 받아 1960년 권력을 내놓고 하와이로 떠났다. 탄압받은 대표적 인물은 1956년 3대 대통령 선거에 출마하여 경쟁자가 되었던 조봉암(30% 득표)이었다 (1959년 조봉암 사형집행).

윤보선과 장면 : 짧은 민주주의 실험

윤보선(1960년 8월~ 1962년 3월)은 민주당 구파의 지도자였던 신익희, 조병옥이 연속으로 사망하면서 구파의 지도자가 되었다. 의원내각제 및 양원제를 골자로 한 제2공화국 헌법하에서 구파

윤보선이 대통령, 실권자인 국무총리에는 신파 장면이 선출되었다. 이후 윤보선과 장면은 거국내각 구성 제의 등으로 대립했다. 5.16쿠데타 직후 윤보선은 쿠데타를 지지하지도 않았지만, 미국의 진압을 위한 병력 동원도 동의하지 않았다.

박정희 : 쿠데타, 경제 개발, 유신 독재

1963년 대선에서 박정희는 약 15만 표 차이로 윤보선에게 승리하였다. 박정희는 쿠데타까지 일으키며 정권을 장악했지만, 대통령 선거에서는 어렵게 이겼다. 윤보선은 1967년에도 대선에 출마하였지만, 더 큰 표 차이로 박정희에게 패배하였다.

박정희는 3선 개헌 이후 강력한 독재정치를 진행하였다. 1971년 7대 대통령 선거에서 경쟁했던 김대중이 대표적인 탄압대상이 되었다(박정희 53.2%, 김대중 45.3%). 유신체제를 만들어 집권을 연장하던 박정희는 정권에 대한 시민의 저항이 확산되던 중 측근인 김재규에 의해 사망하였다(10.26사태).

전두환, 노태우 : 5.18 광주민주화운동, 6월 항쟁

전두환이 등장했던 1980년대에는 김대중, 김영삼 등이 탄압 대상이 되었다. 전두환의 집권은 소수의 정치인에 대한 탄압에 그치지 않았다. 5·18 광주 민주화운동에서는 사망자 및 행방불명자 약 200여 명, 부상자 등 피해자 약 4,300여 명이 발생하였다.

전두환은 집권 내내 민주화 요구를 탄압했으나, 1987년 국민의 6월항쟁으로 대통령직선제 개헌이 이루어졌다. 김영삼(28%), 김대중(27%)은 야권 분열로 대선에서 패배하였다. 1980년 군부 쿠데타 세력인 노태우가 득표율 36%로 13대 대통령이 되었다.

김영삼 : 군부 사조직 해체, 전두환·노태우 구속, 1997년 IMF 외환위기

김영삼은 1990년에 노태우, 김종필과 합당하고, 민주자유당 대통령 후보가 되었다. 노태우는 다른 인물을 후계자로 고려했으나, 대선 승리 가능성을 높이기 위해 김영삼을 대표로 인정하였다. 결국 1992년 14대 대통령 선거에서 김영삼은 김대중에게 193만 표 차이로 승리했다.

김대중 : 정계 복귀, IMF 관리 종료, 남북정상회담

김대중은 1995년 정계복귀하여 새정치국민회의를 창당하였다. 1997년 11월 김종필과 후보 단일화에 합의하였다. 1997년 15대 대통령 선거에서 김대중은 40.3%로 이회창(38.7%)을 이기고 대통령이 되었다.

노무현 : 후보 단일화, 탄핵 기각

노무현은 국민경선제를 통해 이인제를 이기고 민주당 대통령 후보가 되었다. 노무현은 지지율 하락 여파를 겪다 정몽준과 후보 단일화를 거쳐 2002년 한나라당 이회창 후보를 57만 표 차이로 이겼다(노무현 48.9%, 이회창 46.6%).

이명박 : 역대 최대 표차, 노무현의 죽음

이명박은 2007년 대선에서 박근혜를 누르고 한나라당 대통령 후보가 되었다. 12월 선거에서 대통합민주신당의 정동영 후보를 역대 최대 표차인 531만여 표 차로 이겼다. 2008년 광우병 촛불집회로 어려움을 겪었고, 2009년 검찰의 수사를 받던 노무현 대통령이 사망하였다.

박근혜 : 박정희의 딸, 세월호 참사, 탄핵

박근혜는 새누리당 대통령 후보로 선출되어 2012년 12월 제18대 대선에서 득표율 51.6%로 민주통합당 문재인(48.0%)을 이겼다. 2014년 세월호 참사로 고등학생 등 300여 명이 사망하였다. 2017년 헌법재판소에서 파면을 결정하였다.

문재인 : 노무현의 비서실장, 코로나 19

문재인은 박근혜 탄핵으로 이루어진 2017년 대선에서 더불어민주당 후보가 되었다. 자유한국당 홍준표(24.0%), 국민의당 안철수(21.4%), 바른정당 유승민(6.8%), 정의당 심상정(6.2%)과 경쟁하여 41.1%를 득표해 대통령이 되었다.

윤석열 : 문재인의 검찰총장, 총선 참패, 탄핵

윤석열은 2021년 제20대 대통령 선거에서 국민의힘 후보로 출마했다(안철수와 단일화). 윤석열은 이재명 후보에 0.73% 앞선 48.6%의 득표율로 당선되었는데, 정의당 심상정 후보가 2.4%를 득표하였다.

- -

대선 승부 : 단일화 승부

한국 대통령 직선제 선거 결과는 일부를 제외하고는 대부분이 소수의 득표율 차이로 승부가 갈렸다. 그리고 중요한 승부의 관건은 단일화 여부에 있었다. 1980년대 직선제 대선 이후, 노태우는 야당의 분열로 승리하였고, 김영삼과 김대중은 각각 단일화를 통해 대통령 선거에 승리하였다. 노무현의 경우도 단일화의 효과를 보았고, 문재인은 분열한 야당에 승리했다.

대선 승리에는 단일화가 큰 도움이 되지만, 단일화를 통해 적은 득표율 차이로 집권한 경우 정권의 지지기반은 안정적이지 못했다. 특히 대선 승리 후 단일화 세력 사이에 분열이 생기는 경우가 적지 않았다.

현재까지는 누가 대통령이 되어도 : 한국은 발전했다

1987년 이후, 노태우, 김영삼, 김대중, 노무현, 이명박, 박근혜, 문재인, 윤석열이 있었다. 한두 사람을 빼고는 모두 어렵게 대통령이 되었다. 그리고 절반은 대통령 임기 전이나 재임기간의 문제로 인해 상당한 어려움을 겪기도 했다.

이들의 임기 동안에 크고 작은 일들이 있었지만, 지금까지 한국 사회가 일정한 발전을 해왔다는 점에서 임기 중에 국민 다수에게 큰 타격을 준 경우는 별로 없다(물론 가난한 사람에게는 늘 어려운 시기였다).

정권의 책임이 확실하고, 전체 국민의 삶에 심대한 충격을 준 대표적 사건은 1997년 IMF 외환위기를 들 수 있다.

지금 오늘은 지난 40년과는 달리 밖으로는 너무나 강력한 경쟁국들과 부딪치고 있고, 안으로는 사회 발전을 위해 통합해 나갈 힘이 약해지고 있다. 누가 대통령이 되는가가 정말로 중요한 시점이다.

01

이승만
(1948.7~1960.5 대통령)

1) 품성

① 인자하고 현명한가; 명석한 청년, 어리석은 말년

이승만은 두뇌가 명석한 인물이었던 것으로 전해진다. 청년기에 미국에서 유학하고, 독립운동에 앞장섰다. 독립운동 경력을 바탕으로 초대 대통령 선출 때에는 높은 지지를 받았다. 3선 개헌을 거치면서, 한국 사회에 큰 대립과 갈등을 불러일으켰다. 권력에 대한 집착으로 선거가 각종 부정으로 물들고, 국가를 퇴행적으로 만들었다.

② 재정을 소중히 여기고 검소한가; 개인은 검소, 정부는 부패

이승만은 대통령으로서 비교적 검소한 생활을 했던 것으로 알려져 있다. 하지만 그의 재임 기간 동안 정부에는 부정부패가 만연했고, 이승만은 이를 관리하지 못했다. 정부의 부패가 끼친 국가적 손실은 막대하다.

③ 용서할 줄 아는가; 경쟁자에 대한 술책에 익숙

이승만은 성격이 급하고 쉽게 싸우는 경우도 있었다고 한다. 정치문제에 대해 완고하고 고집이 강했고, 정적에 대한 술책에 익숙하였다. 3대 대통령 선거에서 경쟁자로 떠오른 조봉암 사형에서 볼 수 있듯이, 용서와 포용을 아는 인물이 아니었다.

④ 비판을 허용하고 권력을 나누는가; 비판하면 적으로 인식

이승만은 옳은 말에 대해 수용을 잘하는 경우도 있었지만, 권력자로서는 완고하고 군림하는 태도를 가지고 있었다. 적과 동지로 나누는 사고에 익숙했고, 비판을 용납하지 않았다. 권력 연장에 매달리면서, 비민주적 방법을 사용하는 것을 주저하지 않았다.

⑤ 역사의 교훈을 실천하는가; 민주공화국에 잘못된 전통의 씨를 뿌리다

이승만은 미국 유학을 한 그 당시 몇 안 되는 한국 정치인이었다. 미국의 초대 대통령 워싱턴이 헌법에 제한이 없음에도 2차례의 임기를 마치고 물러난 것은 매우 유명한 이야기이다. 미국에서 정치학을 공부한 이승만이 매우 잘 아는 역사의 교훈이었다. 하지만 이승만은 강압과 부정으로 헌법을 고쳐가면서 연임을 추구했고, 국가와 개인 모두를 불행하게 만들었다.

⑥ 친인척 관리에 노력했는가; 측근의 부정을 눈감다

직접적인 친인척 문제는 드러나지 않았다. 하지만 권력 유지를 위해 이기붕 등 측근의 부정을 관리하지 않았고, 이로 인해 국가와 국민에게 큰 피해를 남겼다(이기붕: 이승만의 비서, 자유당 중앙위원회 의장, 1956년 부통령선거 낙선, 1960년 3.15부정선거에서 부통령 당선, 장남 이강석을 이승만의 양자로 입적).

2) 정책

① 전쟁을 막고 국민을 지켰는가; 6.25전쟁, 막대한 희생

해방 당시의 이승만은 다른 독립운동 지도자에 비해 국제정세에 대한 이해가 깊었다고 할 수 있다. 이미 북한은 1946년 2월에 북조선임시인민위원회(위원장 김일성)를 만들고, 정권 수립을 준비하였다. 따라서 1948년 남한만의 단독정부 수립은 불가피한 일이었다. 이러한 정세에서 이승만은 대한민국 정부를 수립하고 초대 대통령이 되었다. 하지만 이승만은 북한의 6.25전쟁 준비와 도발에 미리 준비하지 못했다.

1949년 6월까지 45,000명의 주한 미군이 철수했고, 1950년 1월에 미국 국무장관의 애치슨선언이 있었다. 이 시기에 북한은 소련의 지원으로 대규모 탱크로 무장하고, 1949년 중화인민공화국

수립 이후 조선인 부대를 받아들여 군대를 강화하였다. 1949년 말에 육군본부 정보국에서 북한의 전면적 공격 가능성을 보고하였으나, 이승만 정부는 적절한 대비를 하지 못했다.

유엔군이 빠르게 참전하지 않았거나, 인천상륙작전이 성공하지 못했다면 한국인들은 공산당 독재 하에서 자유를 잃었을 것이다. 북한정권의 침략자들에게 전쟁 파괴의 모든 책임이 있지만, 이승만은 대통령으로서 국가와 국민의 안전을 지키는 책무를 다하지 못했다. 대통령의 첫 번째 책무는 전쟁을 막고 국민을 지키는 것이다. 남한 사상자 160만여 명 피해를 입고, 외국의 도움으로 겨우 방어를 해낸 것을 초대 대통령의 업적으로 평가할 수 없다(전쟁 후 한미 상호방위조약 체결은 한국의 안보에 기여하였다).

② 정치세력 간 갈등 조정을 잘했는가; 정치 갈등을 키우다

이승만은 자신의 권력을 확보하는 데는 유능하였던 반면, 상대 정치인이나 정치세력에 대해서는 화합적 능력을 발휘하지 못했다. 정권 연장을 위해서 무력적으로 헌법을 개정하고, 상대 정치세력을 억압함으로써 한국정치에 갈등과 대립을 구조화 시켰다. 이승만에게만 모든 책임을 돌릴 수는 없겠지만, 이승만 집권기의 정치적 대립은 한국정치에 부정적 전통을 만들었다.

③ 과학기술로 경제발전에 노력했는가; 농지개혁에는 성과

이승만 시기는 일제의 경제 파탄과 분단된 국토에서 시작되었다. 또 6.25전쟁까지 겪었다는 점에서 경제적 측면의 어려움은 충분히 이해할 수 있다. 농업 중심사회였던 남한에서 지주제를 철폐하고, 농지개혁을 진행하여 자영농을 가능하게 한 점은 상당히 긍정적 평가를 받고 있다. 그 외에는 의미있는 산업 발전을 거의 이루지 못했다.

④ 교육으로 국민을 도전하게 했는가; 증가한 학생들이 한국의 미래를 만들다

이승만 시기 교육은 양적으로 크게 팽창하였다. 헌법은 초등학교 무상 의무화 교육을 규정했고, 학생 수 증가는 1945년 대비 초등학교 2.6배, 고등학교 3.1배 증가, 대학교 12배 증가가 있었다. 학생 수 증가에는 교육열 폭발 등의 핵심 요인이 있지만, 이 시기 교육의 성장이 한국 민주주의와 한국경제발전의 토대가 되었다는 점은 긍정적 평가가 가능하다.

⑤ 과학기술을 발전시켰는가; 과학기술 모른 정치학도 대통령

이승만 시기의 정책과 성과 중에서 학문이나 과학기술 발전은 주목할 만한 것이 없었다. 이승만은 오랜 시간을 선진국인 미국에서 체류했었음에도 불구하고 한국 사회의 발전을 위한 과학기술 토대를 만들지 못했다. 실질적으로 과학기술에 대한 비전과 인식 자체가 약했던 것으로 보인다.

⑥ 인권과 생명 지키기에 노력했는가; 생명의 소중함을 모르다

제주 4.3사건의 비극을 사례로 보면, 이승만이 인권과 생명을 소중히 생각하지 않았음을 알 수 있다. 아무리 이 사건의 발생 초기에 공산주의 세력과 연관이 있었다 해도, 인권과 생명을 소중히 생각했다면 그런 비극적 결과는 있을 수 없었다. 6.25전쟁 과정에서도 보도연맹원 수만 명이 학살되었다. 이승만은 군인이나 국민의 생명 지키기보다는 유엔군의 참전하에서 전쟁에 승리하려는 목적만이 강했다.

이승만 시대 : 자유 민주정부 수립의 희망, 6.25전쟁의 절망

이승만 집권기는 민주주의 정부를 수립하였지만, 6.25전쟁으로 인해 사회 전반이 크게 후퇴하였다. 농지개혁과 교육부문 정도에서는 긍정적 평가가 가능하다. 농지개혁과 더불어 한국 교육의 양적 팽창이 1960년대 이후 한국 사회의 발전에 중요한 역할을 했다. 그 외 부분에서 이승만에 대한 평가는 부정적이다. 한국경제와 민주주의 발전에서 의미 있는 기여를 찾기 힘들다. 특히 북한 공산세력의 6.25전쟁 도발을 미리 막지 못하여 엄청난 인명 피해를 겪게 된 것은 이승만의 가장 큰 실책이었다. 대통령의 가장 큰 책무는 전쟁의 파괴 위험에서 국민을 지키는 일이다.

미국 초대 대통령 조지 워싱턴(1732~1799년)
- 공화정의 전통을 만들다

워싱턴은 미국의 독립전쟁 기간(1775~1783년)에 총사령관으로서 전쟁을 승리로 이끈 인물이다. 1787년에 워싱턴은 제헌의회 의장으로서 헌법 제정을 주재하였고, 1789년 대통령 선거에서 만장일치로 당선되었다. 사실상의 추대에 가까운 절대적 신임이었고, 거의 왕과 같은 권위를 가지고 있었다.

1789년 프랑스혁명 이후 전개된 유럽의 복잡한 상황에서도 워싱턴은 영국과 프랑스 사이에서 중립을 지켰다. 워싱턴은 재임 중에 유럽과 상업적인 교역은 확대하고, 대외관계에서 중립을 지킴으로써, 유럽 국가들의 세력 다툼에서 떨어져 있었다. 이 시기 프랑스가 프랑스혁명(1789년), 피바람 분 단두대 공포정치(로베스 피에르 1794년 처형)를 겪으며 유럽이 격변기를 거칠 때, 워싱턴은 미국인의 평화와 국익을 지키는 역할을 성공적으로 수행했다.

미국인들에게 절대적인 존재로 인기를 누렸지만, 헌법에 대통령의 임기 제한 조항이 없음에도 재선 이후 과감하게 퇴진하였다. 이로써 미국에 공화정을 정착시키는 위대한 역사적 전통을 만들었다.

박정희
(1963.12~1979.10 대통령)

1) 품성

① 인자하고 현명한가; 소탈하고 냉정한 사람

가난한 청소년기를 지낸 박정희는 빈곤한 사람들에 대한 이해를 가지고 있었다. 소탈한 서민적 심성을 가지고 있어서, 박정희에게 인간적 매력을 느낀 사람도 있었다는 것이 세평이다. 반면에 군인 기질로 대립적이고 냉정한 성격이 있었다. 소박한 성격과 정치적 냉정함을 공유하였다.

② 재정을 소중히 여기고 검소한가; 검소한 정경유착

개인적으로는 검소하고 소탈한 생활을 실천했지만, 국가 운영에 있어서는 정경유착이 있었다.

10.26사태에서 볼 수 있듯이 유신 말기 박정희에 대한 부정적 평가가 존재한다. 1974년 8월 15일 북한정권에 의해 육영수 여사가 사망하는 아픔을 겪었다.

③ 용서할 줄 아는가; 혐오감의 악순환

박정희는 쿠데타를 일으킬 만큼 정쟁 상대방에 대한 혐오감이 컸다. 상대 정치세력에 대한 강력한 통제를 당연하게 생각하였다. 결국 박정희의 정적에 대한 적대감은 정치세력 상호 간의 대립을 강화시켰다.

박정희시대의 정치적 갈등은 그의 사후에 5공 군부세력이 집권하면서 더욱 커졌다. 사회갈등의 부정적 전통을 만든 것으로 평가된다.

④ 비판을 허용하고 권력을 나누는가; 권력 독점, 민주주의 억압

민주주의 사회에서는 다양한 의견이 공존해야 하지만, 유신헌법 이후 박정희의 통치는 비판을 용납하지 않는 강경한 방식으로 운영되었다. 박정희는 언론과 야당을 철저히 통제하며 반대세력을 억압하였다. 야당뿐만 아니라, 여당 내에서도 2인자 등장을 철저히 견제하였다. 언론과 출판, 집회와 결사의 자유라는 민주주의적 기본 권리를 억압하였다. 유신체제가 성립되면서 박정희가 국가의 모든 권력을 독점하였다(간선제 대통령 임기 6년 무제한, 국회해산권, 국회의원 1/3 임명권, 긴급조치권). 박정희 정권의 중앙정보부는 각종 고문을 자행하는 등, 정권유지를 위한 폭력기관의 역할을 수행했다.

⑤ 역사의 교훈을 실천하는가; 이승만 몰락 반복

박정희는 장면 정부를 뒤집는 쿠데타를 일으키고 대통령이 되었지만, 쿠데타 발상은 이승만 정부의 실정이 출발점이었다고 볼 수 있다. 박정희는 농민들과 국민의 가난을 극복하는 것이 가장 중요한 정치의 핵심임을 알고 노력하였다. 그러나 '이승만 독재정권의 몰락'에서 역사의 교훈을 얻지 못하고, 장기 독재의 과오를 반복하면서 비극적으로 정권이 붕괴하였다.

⑥ 친인척 관리에 노력했는가; 친인척 관리 민정수석 임명

박정희는 민정수석을 두고 친인척 관리를 엄격히 했다. 이렇게 함으로써 친인척의 직접적인 부정부패 연결을 차단하기 위해 노력하였다. 친형 박동희는 박정희와 연관된 특혜시비를 우려하여 1972년 사망할 때까지 시골에 거주하며 거리 두기를 유지하였다.

2) 정책

① 전쟁을 막고 국민을 지켰는가; 한미동맹과 경제발전으로 안보 역량 강화

5.16쿠데타 이후 박정희는 자신의 공산주의 세력 연관에 대한 미국의 의심을 해소하는 데 적극적이었다. 미국에 대해 적극적인 협력 정책을 실시했는데, 베트남 파병 결정과 한일협정을 결정했다. 박정희는 세계 최강국인 미국과의 협력을 선택했고, 이것은 한국의 경제발전과 국가 안보 등에 중요한 영향을 주었다.

1960년대에는 북한의 청와대 기습공격, 무장간첩 파견 등의 모험적 행동이 많았다. 1970년대는 남한 경제가 크게 성장하고, 북한 정권도 김정일 후계 계승단계로 진입하여 한반도의 내부적 안정성은 높아졌다. 미중관계 등 국제정세 변화를 인식하며 남북대화(7.4남북공동성명)에도 전략적 대응을 하였다. 1975년 베트남이 공산화되고, 이어 라오스와 캄보디아도 공산화되었다. 박정희는 자주국방 정책을 강력히 추진하며, 독자적인 방위역량을 강화하였다.

② 정치세력 간 갈등 조정을 잘했는가; 갈등의 원인 제공자가 된 대통령

1960년 4.19 이후 심각한 정치 혼란으로 인한 반발로 군부의 개입을 일부 인정하는 시각도 있었다고 한다. 여하튼 박정희는 5.16쿠데타 이후 선거를 통해 전임 대통령 윤보선을 이기고 권력을 잡는 절차를 거쳤다. 그리고 2차례의 선거에서 야당을 이기고 대선에 승리하기도 했다.

그러나 3선 개헌을 추진하고, 유신헌법을 만들면서 박정희시기는 민주주의 발전에 부정적 영향을 주었다. 야당에 대한 심한 정치적 테러와 고문 등이 행해졌고, 언론 출판의 자유와 같은 국민의 기본권도 심각하게 억압되었다. 박정희는 저임금과 노동조건을 적극적으로 개선하지 않았고, 이로 인해 불만과 사회 갈등을 만들었다.

장기집권을 위한 강압적 통치는 점차 내부적인 반발을 불러왔고, 결국 그의 정치적 종말을 앞당기는 요인이 되었다. 대통령이 갈등을 조정하는 것이 아니라, 갈등의 원인 제공자가 되었다.

③ 과학기술로 경제발전에 노력했는가; 경제 개발 계획 실현

박정희에 대한 많은 비판에도 불구하고, 박정희시기에 한국 경제발전의 토대가 이루어졌다는 점은 다수가 인정하는 것이다.

박정희 이전에 경제개발 계획이 있었다는 주장이 맞다 하여도, 계획이 존재했다는 것과 그 계획이 실현되었다는 것은 매우 다른 문제이다.

박정희는 경제 개발을 국가의 최우선 과제로 삼았다. 1960~70년대 한국은 극도의 빈곤에서 벗어나기 위해 수출 주도형 경제전략을 채택했고, 정부 주도의 산업정책을 통해 경제성장을 가속화했다. 이를 바탕으로 오늘날 한국경제가 세계 10위 선진국 수준으로 발전했다. 박정희가 오늘날 대표적으로 기억되는 대통령으로 남아있는 이유이다.

④ 교육으로 국민을 도전하게 했는가; 이공계 인재 양성과 산업 성장의 선순환

이승만 시기 교육의 양적 팽창에 이어, 박정희 시기에는 과학기술 교육의 성장이 의미 있게 이루어졌다. 확대된 고등교육기관의 이공계 인재들이 산업현장에 투입되고, 다시 성장한 산업이 교육 인력을 요구하는 선순환은 한국의 발전에 크게 기여하였다. 특히 자원이 부족하고, 기술과 자본 모든 것이 부족한 한국의 상황을 한국의 교육과 인력이 보완하였다고 평가받는다. 교육을 통한 성취에 집중한 한국인들의 노력이 한국경제의 발전을 이루었다.

⑤ 과학기술을 발전시켰는가; 과학기술 발전의 토대를 놓다

박정희 정부는 과학기술 발전을 경제 개발의 필수 요소로 인식했다. 1966년 한국과학기술연구원(KIST)이 설립되었고, 해외 과학자 초빙과 국내 연구 지원이 본격화되었다. 특히 중화학공업과 전자산업 발전 과정에 과학기술의 지원이 중요한 역할을 했다. 과학기술 분야에 대한 전략적 투자 덕분에 한국은 1980년대 이후 반도체, 조선, 자동차 산업 등에서 세계적인 경쟁력을 갖출 수 있었다. 일시적 경제성장이 아니라, 한국이 기술 강국으로 도약하는 발판이 되었다.

⑥ 인권과 생명 지키기에 노력했는가; 인권 누르고, 의료보험 시작

과거 한국 사회에서 경제발전과 민주주의 발전은 오랫동안 대립적인 요소로 여겨졌다. 박정희 정부는 경제성장을 우선시하면서, 정치적 자유를 제한하고 인권 탄압을 정당화하였다. 국가 발전을 내세우며, 시민과 노동자에 대한 인권 억압도 많았다. 간혹 후진국의 경제발전 과정에서 벌어질 수밖에 없다는 논리도 있지만, 박정희 시기 인권 탄압은 심했다.

박정희 정부 말기에 도입된 의료보험 제도는 대단히 중요한 의미를 갖는다. 가난으로 인해 병원에 가지도 못하고 고통받아야 했던 한국의 생명에 매우 큰 희망을 주었다. 의료보험제도는

한국 사회보장 체계의 기초를 다지는 데 기여했고, 이후 한국 사회에서 가장 중요한 제도로 자리 잡았다.

박정희시대가 주는 통찰 : 지금은 민주주의가 경제발전의 기본 동력인 시대

박정희라는 이름은 한국 현대사에서 뜨거운 논쟁 대상 중 하나였다. 그에 대한 평가도 이제는 중도적으로 수렴되고 있다. 한쪽에서는 경제발전과 국가 성장의 주역으로 찬사를 보내고, 다른 한쪽에서는 독재와 인권 탄압의 상징으로 비판받았던 그의 시대를 어떻게 바라봐야 할까?

박정희에 대한 최근의 평가를 정리하면, 민주주의와 인권 측면에서는 매우 부족하였지만, 그 외 경제와 국방, 과학기술, 교육 등 여러 부분에서는 상당히 긍정적 평가가 이루어지고 있다. 하지만 박정희에 대한 긍정적 평가 부분이 오늘날 한국 사회에 적용 가능함을 말하는 것은 아니다.

박정희가 정쟁 대상과 노동자를 억압하던 시기는 한국이 가난에서 벗어나기 시작한 때였다. 그가 집권하던 1960~70년대,

한국의 1인당 국민소득은 600달러(1975년)에 불과했다. 소득이 낮으면 인권 유린이 어쩔 수 없다는 뜻이 아니다. 2023년 한국의 1인당 국민소득 36,000$ 시기의 관점에서 과거의 모든 것을 평가하는 것은 이상주의적인 해석이 될 수도 있다. 역사의 발전 과정이 그만큼 한국인 모두에게 매우 어렵고 힘든 일이었다.

우리가 과거를 돌아보는 목적은 단순한 찬양이나 비판이 아니라, 현재와 미래에 대한 더 나은 통찰을 얻기 위해서다. 한국 사회가 지금보다 더 성숙한 민주주의와 미래를 선도할 사회시스템을 만들어가기 위해서다. 지금은 민주주의의 발전이 경제의 기본 동력인 시대가 되었다.

전태일(1948~1970) – 1970년 노동 환경

대구에서 출생하여, 어려운 가정형편으로 학업 중단을 반복했다. 1964년 서울 평화시장의 의류제조회사에서 견습공으로 일하였다. 평화시장에서 재봉사로 일하며 어린 여공들이 적은 월급과 과중한 노동에 시달리는 것을 보며 노동운동에 관심을 가지기 시작했다.

1969년 노동청을 방문, 노동자들의 열악한 노동조건 개선을 요구하였으나 거절당했다. 재단사 모임 바보회를 결성하고, 박정희 대통령에게 진정서를 작성하였다.

대통령에게 보낸 편지(핵심 내용)

"15세의 어린 시다공들은 일주 98시간의 고된 작업을 한다"

"평균 20세의 숙련 여공들은 호흡기관 장애 또는 폐결핵에 걸린다"

"1일 15시간 노동을 10~12시간으로, 1개월 휴일 2일을 일요일마다 휴일로 쉬기를 희망한다"

"평균연령 15세의 어린이 시다공의 수당 현 70원내지 100원을 50% 이상 인상하라"

1970년 노동청에 '평화시장 피복제품상 종업원 근로조건 개선 진정서'를 제출했다. 이 내용이 경향신문에 실려 주목을 받자, 전태일 등 삼동회 회원들은 본격적으로 임금, 노동시간, 노동환경의 개선 등을 위해 사업주 대표들과 협의를 벌였다. 협의가 실패하자, 1970년 10월에는 본격적으로 근로조건 시위를 주도했다.

전태일은 언론사들을 찾아다니면서 노동자들의 참상을 전달했다. 1970년 10월 7일 시내 각 석간신문에 평화시장의 참상에 관한 보도가 대대적으로 실렸다.

11월 13일 근로기준법 화형식과 함께 평화시장 입구에서 분신하였다. 그의 나이 22세였다.

김영삼
(1993.2~1998.2 대통령)

1) 품성

① 인자하고 현명한가; 솔직한, 과감한 사람

청장년기에 민주화운동을 했던 김영삼은 솔직함 등 인간적으로 매력 있는 인물이었고, 사람들을 주변에 끌어모았다. 김영삼은 중요한 정치적 계기마다 결단을 내리는 감각이 뛰어났다. 6월 항쟁 후 이루어진 1987년 직선제 대선에서 김대중과 단일화에 실패하고 노태우에게 패배하였다. 김영삼은 노태우, 김종필과의 합당을 통해 정권 창출의 발판을 마련했다. 대선 과정에서 김영삼은 내각제 합의 약속을 과감하게 파기했다. 대세론을 기반으로 주도권을 잡아 대선에 출마하였고, 마침내 대통령이 되었다.

② 재정을 소중히 여기고 검소한가; 칼국수 대통령

김영삼은 비교적 부유한 가정에서 태어났지만 사치스럽게 생활하지 않았다. 생활에서 큰 물의를 일으킨 일이 없었고, 대통령이 된 후에는 청와대에서 손님에게도 칼국수만 대접했다. 검소한 모습을 모범으로 보이고자 한 좋은 생각을 가지고 있었다. 집권 초기 재산공개를 하고 청렴한 대통령이 되고자 했다.

③ 용서할 줄 아는가; 처벌과 사면을 모두 이루다

김영삼은 전두환과 노태우를 법적으로 처벌했지만, 임기 말에는 김대중과 협의해 그들을 사면했다. 독재 정권에 대한 단죄는 민주주의 원칙을 바로 세우기 위한 조치였지만, 결국 정치적 안정과 화합을 선택했다. 박정희 사후에도 그가 보인 태도 역시 감정적인 복수보다는 인간적인 측은지심에 가까웠다.

④ 비판을 허용하고 권력을 나누는가; 시민사회와 권력을 나누다

김영삼 시기는 1987년 6월항쟁의 성과로 시민운동과 노동운동이 성장하는 등, 한국 민주주의가 한 단계 발전한 시기였다. 언론의 비판도 더욱 활발해졌고, 정치자금법 개정과 지방자치제 추진 등의 성과도 이루어졌다. 김영삼은 비판 여론에 민감하였지만, 정책 결정 과정에서 폐쇄적이었다는 지적이 있다.

⑤ 역사의 교훈을 실천하는가; 민주주의의 역사를 바로 세우다

김영삼은 '역사 바로 세우기'를 목표로 한국 사회의 민주적 발전에 필요한 다양한 개혁을 추진했다. 그는 군부 독재세력에 대

한 처벌과 청산, 공직자 재산 공개, 금융실명제 도입, 정치 자금법 개정 등의 조치를 통해 한국 정치의 부패구조를 개선하고자 했다. 특히 전두환 등 성공한 쿠데타에 대한 처벌로 역사의 교훈을 바로 세우고, 한국민주주의를 한 단계 진전시켰다.

⑥ 친인척 관리에 노력했는가; 아들 관리는 어려운 과제

집권 후반부로 접어들면서 김영삼 정부는 내부적인 문제로 인해 점점 흔들리기 시작했다. 특히, 그의 아들과 관련된 비리 사건이 불거지면서 국민의 신뢰에 큰 타격을 입었고, 이는 국가적 경제위기인 외환위기와 맞물려 더욱 심각한 비판을 초래했다. 초기 개혁의 추진력과는 달리, 정권 말기에는 측근과 친인척 관리의 실패로 인해 부패 논란에서 자유롭지 못했다.

2) 정책

① 전쟁을 막고 국민을 지켰는가; 북미 제네바 합의, 김일성 사망

1993년 북한 정권의 NPT 탈퇴로 한반도의 군사적 긴장이 높아졌다. 1994년 북미 제네바 합의를 통해 미국은 북한의 핵동결 조치에 대한 대가로 경수로 2기를 건설해주고 완공 때까지 매년 중유 50만t을 공급해주기로 북한과 합의했다(2002년 미국의 대북 중유

제공 중단, 2003년 KEDO의 대북 경수로 사업 중단, 2005년 미국과 KEDO 경수로 건설 완전 중단).

김영삼은 이 시기 한반도의 군사적 충돌 억제에 일정한 역할을 하였다. 김일성의 갑작스러운 사망으로, 예정되었던 남북정상회담이 이루어지지 못했다.

② 정치세력 간 갈등 조정을 잘했는가; 최고의 갈등 조정, 처벌과 사면

김영삼은 이승만 시기에 최연소 국회의원이 되고, 사사오입 개헌 후 자유당에서 탈당하였고, 박정희, 전두환 시기에 야당의 길을 걸었다. 정권을 잡기 위해 노태우, 김종필과 3당 합당을 하였고, 그의 집권 5년간 뚜렷한 정치적 경쟁자는 존재하지 않았다. 군부개혁 과정과 5공청산 과정에서 갈등이 있었지만, 성공적으로 마무리를 해냈다.

③ 과학기술로 경제발전에 노력했는가; 최악의 경제 실정, 1997년 IMF 외환위기

김영삼 시기에는 금융실명제 실시 등 긍정적인 성과가 있었다. 하지만 김영삼은 재벌의 구조조정이 필요한 시점에 해외에서 들여온 대규모 자금을 재벌들이 중복투자하는 것을 제어하지 못했다. 1997년 1월에 재계 순위 14위의 한보그룹이 부도처리 되었다. 대외채무가 폭증하고, 수출이 감소하는 상황에서

1997년 외환위기가 발생하였다.

  7월 태국 바트화 폭락으로 아시아 외환위기가 발생하였을 때, 조기에 해결방안을 찾지 못하고, 국민을 고통 속에 빠뜨렸다. 김영삼은 민주화 이후 최악의 경제 실정을 만든 대통령이 되었다. 대통령의 경제관리 능력이라는 측면에서 결함이 있었다는 평가가 대부분이다.

  ④ 교육으로 국민을 도전하게 했는가; 새로운 변화의 시작

  1995년 발표된 교육 개혁안은 공교육 강화를 목표로 했다. 국내총생산(GNP) 대비 교육 예산을 5%까지 확대하고, 수준별 교육과정을 도입했으며, 대학 입학 전형을 자율화하여 농어촌 특별전형 등을 시행했다. 또한, 만 5세 아동을 대상으로 무상교육을 실시하며 유아교육의 공교육화를 위한 기틀을 마련했다. 한국교육의 방향성을 결정짓는 중요한 변화였다.

  ⑤ 과학기술을 발전시켰는가; 미래를 위한 과학기술 투자 확대

  김영삼은 국가 재정의 증가에 비해 과학기술 관련 예산을 대폭 증가하였다. 대학의 연구수준 향상을 위해 대학교수, 연구원 등의 학술연구 조성비를 대폭 증액하였다. 기초연구 진흥, 미래 원천기술 확보, 연구기관의 해외 진출, 민군 겸용기술 개발, 국

내와 해외의 연구 인력 교류 확대 등을 강화하였다.

⑥ 인권과 생명 지키기에 노력했는가; 민주화 운동의 마무리, 인권 개선

김영삼은 광주민주화운동, 전교조 등 과거의 정치적 탄압을 재조사하고, 피해자들의 권리를 회복하기 위해 노력하였다. 여성의 인권과 사회적 지위 향상을 위한 정책을 마련하여, 여성 고용 기회 확대 등 법적 근거를 마련하였다. 노동자의 권리 강화를 위해 노동환경도 개선하였으며, 사회취약계층 복지증진 대책도 실시하였다.

김영삼 시대 : 민주주의의 제도적 발전, 외환위기의 극심한 고통

김영삼은 민주화운동을 정권 차원에서 마무리한 점에서, 한국 민주주의 진전이라는 의미 있는 성과를 거두었다. 김영삼은 정치적 민주화만이 아니라, 경제, 사회 등 국가 운영 전반에 걸쳐 개혁을 추진했다. 군의 정치 개입 차단, 공직자 재산 등록, 금융 실명제 도입, 선거 부정 방지 등 제도적 개혁을 단행했다. 일시적 개혁이 아니라, 한국 사회가 민주주의를 기반으로 지속 성장할 수 있는 토대를 마련했다는 점에서 중요한 의미를 가진다.

김영삼 정부의 임기 말이었던 1997년, 한국 사회는 예상치 못한 경제적 혼란에 빠졌다. 바로 외환위기였다. 기업들의 연쇄 도산이 끝없이 이어지면서 경제는 큰 타격을 입었고, 수많은 국민이 재산과 일자리를 잃었다. 외환위기는 한국 사회 전반에 깊은 상처를 남겼으며, 많은 국민에게 절망감을 안겨주었다.

김영삼은 민주주의 발전에 기여한 정부를 성립함으로써, 사회 전반의 국가에 대한 긍정적 참여를 끌어냈다. 하지만 임기 마지막 해인 1997년 발생한 외환위기는 김영삼에 대한 긍정적 평가가 어렵게 만들었다. 1997년 외환위기는 국민 다수에게 너무나 큰 충격과 고통을 주었다.

> **김영삼의 퍼스낼러티 - 영화 포레스트 검프**
>
> '포레스트 검프'는 1994년 미국 영화다. 톰 행크스가 주연을 맡았고, 아카데미 시상식에서 6개의 오스카상(최우수 작품상, 최우수 감독상, 최우수 남자주연상, 최우수 각본상 등)을 수상한 명작이다. 주인공인 포레스트 검프는 달리기가 특기였다. 앞만 보고 달리는 그의 특기는 대학에서는 미식축구 선수로, 베트남전에서는 군인으로 그의 삶을 이끌었다. 전쟁 후에는 새우 양식장 사업에서 성공하고, 거기서 번 돈을 '사과회사'(APPLE)에 투자해서 큰 수익을 얻는다. 포레스트 검프는

삶을 긍정적으로 보고, 어려울 때도 달리기를 멈추지 않았다. 그는 사랑과 사업 모두에서 성공했다.

영화 포레스트 검프처럼 달리고 달린 대통령이 김영삼이다. 25살 최연소 국회의원으로 달렸고, 1971년 대통령 선거에 '40대 기수론'을 내걸고 달렸고, 박정희의 유신에 맞서 달렸고, 전두환의 독재에는 22일간 단식을 하며 달렸다. 1987년 김대중과의 대선후보 단일화 실패 후에는 군부 쿠데타의 주역인 노태우와 손을 잡고 달려서 대통령이 되었다. 심지어 대통령이 된 후, 태릉선수촌의 아시안게임 국가대표 선수단과 조깅할 때도 선수들에게 지지 않고 달렸다.

부정부패 척결, 금융실명제와 공직자 재산 공개를 외치며 달렸고, 성역 없는 감사를 내세우며 과거의 부정부패 조사에도 내달렸다. 역사 바로 세우기를 내세우며 전두환과 노태우를 감옥으로 보내기도 했다. 임기 말에 비리에 관련된 아들이 감옥에 가는 것을 보아야 했다.

1997년 외환위기를 막지 못해 국민을 엄청나게 큰 고통을 겪게 하면서 그의 달리기는 끝났다.

김영삼이 가진 퍼스낼러티의 힘은 그를 대통령이 될 수 있게 하였고, 많은 사람이 김영삼 정부와 함께 국가 발전에 참여하게 하는 원동력이 되었다.

04

김대중
(1998.2~2003.2 대통령)

1) 품성

① 인자하고 현명한가; 뛰어난 정치인, 참지 못한 대권 의지

김대중은 논리적이고 설득력을 가진 인물로 뛰어난 정치의 자질을 가진 것으로 정평이 있다. 박정희, 전두환 등으로 이어진 정치적 탄압 과정에서도 자기 관리에 성공적인 모습을 보였다. 하지만 1980년대 민주화 과정 중 대통령 선거에서 분열함으로써 한국의 민주화를 지연시킨 책임이 있다.

② 재정을 소중히 여기고 검소한가; 소박한 생활

김대중은 개인적인 삶에서 소박함을 유지하며, 생활면에서 공직자로서 논란을 일으킨 적이 거의 없었다. 부인 이희호 여사는 사회 활동과 민주화운동에 직접 참여하였다.

③ 용서할 줄 아는가; 통합을 위해 용서

대통령에 당선된 김대중은 5.17쿠데타의 주역인 전두환·노태우 사면을 김영삼과 합의하였다. 이것은 IMF 경제위기 국면에서 지역 갈등을 완화하고 사회적 통합을 이루기 위한 조치였다. 전두환·노태우에 대한 사면은 '화해의 정치'라는 평가도 있었지만, 쿠데타세력에 대해 면죄부를 준 것이라는 비판도 있었다.

④ 비판을 허용하고 권력을 나누는가; 언론의 자유 확장 VS 신문사 세무조사

2001년 김대중 정부가 언론사에 대한 세무조사를 진행하면서, 조선일보, 중앙일보, 동아일보가 각각 수백억 원의 세금을 부과받았다. 개혁 의도에 대한 긍정적인 평가와 동시에 언론 탄압이라는 반론이 있었다. 김영삼 정부는 신문사 세무조사를 한 적이 있었지만, 신문사에 영향을 줄 세금을 부과하지는 않았고 공개하지도 않았다. 세무조사 후 신문사들의 김대중 정부에 대한 비판은 더 강화되었다. 이런 점에서 역설적으로 언론의 자유가 확장되었다는 평가도 가능하다. 언론사 경영이 투명해져야 정권과 언론의 유착이 방지되고 한국 사회가 발전할 수 있다.

김대중 시기의 한국 언론은 나름대로 자유로운 언론이 가능했다는 평가가 일반적이다. 시민들의 높아진 의식과 민주주의

발전이 김대중 시기의 언론 자유 확장으로 이어졌다. 신문언론의 비판이 더 커진 것은 김대중 정부의 의지와 상관없이 이루어진 권력 나누기의 또 다른 모습이 되었다.

⑤ 역사의 교훈을 실천하는가; 남북한 화해협력 추진

김대중에게 주어진 역사의 교훈은 화해였다. 그는 민주화 과정을 통해 상당한 핍박과 고통을 받았고, 70대에 이르러서야 한국 대통령 지위에 올랐다. 김대중은 역사적 과제로 남북 화해협력을 선택했고, 임기 대부분을 남북문제에 집중하였다. '고난의 행군'으로 불리는 경제위기에 봉착했던 김정일위원장은 경제지원을 끌어내기 위해 남북대화에 나섰고, 그 과정에서 김정일에 대한 불법적 자금 지원문제도 있었다.

김대중 임기 말에 발생한 북한 핵문제는 2006년 10월 북한의 1차 핵실험과 국제사회의 제재로 이어졌다. 김대중 임기 후에 북한 핵문제는 점점 확대되어 해결점을 찾지 못하고, 2015년 개성공단 사업 등 남북한 협력도 중단되었다. 김대중이 시도한 남북한 화해협력은 다시 역사의 과제로 남아있다.

⑥ 친인척 관리에 노력했는가; 김영삼 대통령에 이어 아들 문제 발생

김대중 정부 말기에는 측근 비리가 불거졌고, 특히 여러 아들이

연루된 부정부패 사건은 국민에게 큰 실망을 안겼다. 도덕성을 강조한 지도자로 평가받았던 만큼, 친인척 관리를 철저히 하지 못한 점은 오점이 되었다.

2) 정책

① 전쟁을 막고 국민을 지켰는가; 한반도 국제관계의 균형과 안정을 도모하다

김대중은 1997년 외환위기 중에 대통령이 되면서 미국 등 국제사회와의 협력의 중요성을 절감했다. 또한 대북 포용정책의 추진을 위해 미국과의 관계를 잘 관리하였다. 김대중은 1998년 오부치 일본 총리와의 정상회담을 통해 과거사 사죄를 끌어냈고, 한일관계의 건설적 미래를 추진했다. 2002년 북한 핵문제 재발로 인해 미국 부시행정부와 갈등을 빚었지만, 한반도를 둘러싼 주변국과의 관계를 균형있고 안정적으로 유지하였다.

② 정치세력 간 갈등 조정을 잘했는가; 남북정상회담을 총선에 활용 시도

외환위기 극복이 최대 과제인 상황에서 정권을 잡은 김대중은 초기에는 내부적인 정치적 갈등에서 상대적으로 자유로웠다. 김종필과 연합하고, 야당의 협조를 끌어낼 수 있었기 때문이다. 하지만 1999년 말 IMF 관리체제 조기 종료를 선언한 이후, 김종필과의 연합 해체, 야당과의 대립, 노동자 등 사회 각층의 요구 분출을 맞닥뜨리게 되었다(2001년 8월 IMF 구제금융 차입금 전액 상환. IMF 관리체제 종료).

김대중은 2000년 4월 총선거 3일 전에 남북정상회담을 발표하여 국회의원 선거에 활용하려 하였다. 그러나 국민의 경계심을 불러일으켜 선거에 악영향을 주었고, 대북문제에 대한 정당 사이의 불신과 갈등을 높였다.

③ 과학기술로 경제발전에 노력했는가; IMF 외환위기 조기 극복, IT 산업 발전

김대중은 IMF 외환위기 극복에서 중요한 성과를 거두었다. 금융, 기업, 노동, 공공분야에서 개혁이 이루어졌고, 경제성장과 고용 개선 등을 이루었다. 국가신용등급이 회복되고, 외국인의 직접 투자가 증가했고, 외환 보유도 안정되었다.

김대중은 특히 정보산업(IT)에 대한 투자를 증가시킴으로써 벤처기업 육성을 활발히 추진하였다. 그 과정에서 일부 부작용도 있었지만, 이후 IT산업이 크게 발전함으로써 한국이 'IT강국'이라는 자신감을 줄 정도로 경제발전에 크게 기여하였다.

④ 교육으로 국민을 도전하게 했는가; 교육정책 변화 시도, 7명의 교육부 장관

김대중 정부는 교육정책에서도 변화를 시도했다. 교원 정년을 62세로 단축하고, 교원노조를 합법화했다. 중학교 의무교육을 확대하고, 자립형 사립고 도입, 두뇌한국(BK)21 사업 등을 추진하며 교육의 다양성과 연구 역량 강화를 목표로 했다. 그러나 5년간 교육부 장관이 7번이나 교체되는 등 체계적인 정책이 이루어지지는 못했다.

⑤ 과학기술을 발전시켰는가; IT·BT·NT 과학기술 발전

김대중 정부는 1997년 정부의 연구개발투자를 정부 예산의 3.6%에서 2002년에는 4.7%로 증가시켰다. 이러한 정부의 투자 증가는 민간부문의 연구개발 투자도 급증시켰다. 총 연구개발 인력도 1997년 21만 2천여 명에서 2021년 26만여 명으로 증가했다. 과학기술 발전에 상당한 성과를 거두어 정보기술(IT)·생명기술(BT)·나노기술(NT) 등 과학기술 발전을 크게 자극하였다.

⑥ 인권과 생명 지키기에 노력했는가; 최고로 중요한 입법, 국민기초생활 보장법

김대중은 1999년 국민기초생활 보장법을 제정하였다. 경제적 취약계층이 최소한의 기초생활을 영위할 수 있도록 개선함으로

써 한국 사회 복지 수준을 한단계 높였다. 국가인권위원회법 공포로 인권보호를 위한 제도적 틀을 갖추고, 차별행위 개선을 본격적으로 추진하였다. 장애인과 연령 차별 등에 대해서도 사회 인식 개선에 기여하였다.

김대중 시대 : 다시 발전하는 한국, 남북문제는 장기적 과제로

김대중은 1997년 외환위기를 빠른 시간에 극복하고 한국경제가 다시 발전 경로로 회복하는 성과를 거두었다. 마이너스이던 경제성장률이 1999년에는 9% 성장을 이루었고, 외환 보유고는 2001년 말에는 1천억 $ 이상이 되었다. 정보산업과 과학기술 연구 투자를 확대하여 한국경제의 발전 동력을 확대하는 기여를 하였다.

한반도의 평화와 발전을 위해 개성공단사업 등 남북관계 개선에서 큰 성과를 만들기도 했지만, 결과적으로는 임기 말부터 북핵 문제가 크게 악화됨으로 인해 성과가 퇴색하였다. 미국 부시행정부는 북한에 대해 성급한 압박을 했고, 김정일 정권은 체제 개혁을 위한 준비가 되어 있지 않았다.

정치세력의 갈등 조정이나, 친인척의 관리에는 부정적인 사건들이 있었다. 반면에 김대중 정부의 기초생활보장제도의 도입은 빈곤층의 생계를 보호하는 중요한 전환점이 되었다. 이와 함께 사회적 안전망을 강화해 중산층과 저소득층의 생활 안정을 도모하는 데 크게 기여했다. 이러한 정책들은 한국 사회 발전에 중요한 영향을 주었다.

> ### 정주영 현대 회장의 개성공단 개발 구상
>
> 개성공단 건설사업은 1999년 1월 정주영 현대 명예회장과 김정일 국방위원장이 서해안 공단건설사업 추진에 합의함으로써 시작되었다. 2000년 8월 현대아산이 '공업지구 건설 운영에 관한 합의서'를 체결하여 '개성국제자유경제지대'에 대한 독점적 개발 사업자로서 지위를 확보하였다. 2000년 11월에는 한국토지공사와 함께, 제1단계 개발 사업을 공동 시행키로 하였다.
>
> 2002년에 개성공업지구법을 공포하고, 50년간의 토지 이용증 취득 및 경의선 임시도로 완공(2002.12)으로 개성공단 개발사업이 본격화될 수 있는 기반이 마련되었다. 6월에 착공식을 하였다.

개성공단 개발 기본계획 제1단계에는 100만 평(3.3km2) 부지에 인건비 비중과 고용 효과가 높고, 단기간 내에 생산·가동할 수 있으면서도 현지 원료 조달이 용이하고 해외 수출이 유망한 품목을 중심으로 유치할 계획이었다(섬유, 의류, 신발, 피혁, 양말, 전기·전자 및 금속·기계업종의 조립 분야 등).

제2·3단계에는 1단계 유치업종과 전기·전자, 자동차, 정밀화학과 정보통신 등 중화학 장치 산업과 첨단산업 분야를 계획하였다.

개성공단은 서울에서 70km 정도여서 거리상으로는 남한의 수도권 공단과 여건이 비슷하였고, 노동력을 중국, 베트남 등의 임금 수준으로 고용할 수 있다는 장점이 있었다.

개성공단은 2015년 말에 기업 수 125개, 북한 근로자 약 55,000명이 되었다. 북한 핵문제로 인해 공단 성장이 정체되었고, 2016년 2월 가동이 전면 중단되었다.

■ 세종 관점 BIG 4의 소결

■ 대통령의 품성

품성에도 시대의 영향이 있다. 일제의 학정이나 투쟁의 시대를 거친 세대에게 지금과 같은 시각으로 품성의 기준을 제시하는 것은 적절하지 않을 수 있다. 하지만 국가의 최고 지도자인 대통령이 인자하고 현명하지 않다면, 용서와 공존을 모른다면, 시대적 교훈을 모른다면, 그 국가는 큰 대립과 갈등을 벗어날 수 없다.

불행하게 독재로 결말을 맞은 이승만과 박정희, 두 명의 대통령은 사회 내부의 갈등을 조정하거나 완화시키지 못했다. 그리고 그 불행을 자신과 국민 모두에게 나누었다. 민주화 시대에 대통령이 되었던 김영삼과 김대중은 앞의 두 사람보다 공존의 품성을 보여주었다. 두 사람의 품성은 한국사회의 민주적 발전이 만들어낸 결과로 볼 수 있다.

이제 한국사회에서 그 어떤 대통령도 국민을 존중하지 않거나, 독선적인 태도를 보여서는 안된다. 그 결과는 대통령 자신과 모두에게 불행하기 때문이다. 좋은 품성의 대통령이 아니면서 존경받는 대통령으로 역사에 남기는 어렵다. 한국인들은 정치권력에 도전하는 냉정한 비판자이다.

■ 대통령의 정책

대통령은 취임할 때, 국민들 앞에서 선서를 한다. "헌법을 준수하고 국가를 보위하며 조국의 평화적 통일과 국민의 자유와 복리의 증진 및 민족문화의 창달에 노력"

한국 대통령이 해야 할 가장 큰 책무는 국가를 보위하여 국민의 생명과 안전을 지키는 일이다. 그리고 국민의 자유와 행복·이익을 증진하는 것이다.

한국인들에게 20세기 최고의 고통은 6.25전쟁이었다. 남한에서만 160만여 명의 사상자가 발생했다. 앞으로도 대통령의 가장 중요한 책무는 한국의 평화를 지키는 일이다. 이 임무를 박정희, 김영삼, 김대중은 잘 수행해 왔다. 한반도는 주변 강대국의 위협을 받았던 지정학적 환경에 더하여, 남북한 분단의 군사적 위협까지 존재한다. 대통령의 안보 정책이 늘 중요한 이유이다.

그 다음 중요한 대통령의 정책은 정치세력, 정치사회세력 사이의 갈등을 조정하는 것이다. 독재 권력이 잘못한 일이 바로 이러한 역할이었다. 독재권력은 대통령 자신이 갈등의 근본 원인이 되어 문제를 해결할 수 없었다. 정당과 정치사회세력의 갈등을 조정하고, 바람직한 정책을 추진해 나가는 경륜이 현재 한국 대통령의 필수적인 자격이다.

경제 발전, 교육, 과학기술, 인권과 생명의 발전은 토대가 준비되었다. 이러한 분야의 정책은 이제 5년 임기의 단임대통령 개인의 전문성에서는 크게 기대할 것이 없다. 대통령 임기가 짧아서만이 아니다. 이제 한국 사회는 각 영역의 전문가와 행정조직이 구축되었고, 적어도 5년 정도의 발전 방향을 이미 준비하고 있기 때문이다. 정책의 잘못은 오히려 새로운 대통령의 고집이나 편향된 인재 선택에서 온다. 선거나 진영 논리에 빠져서 폭넓게 전문가를 구하지 못하거나, 비판을 받아들여 정책 수정을 못하는 것이 실패의 원인이 된다.

이승만 시기는 대통령을 비롯해서 사회 전반에 준비된 역량이 부족했고, 박정희는 대통령으로서 경제 개발을 주도적으로 이끌었다. 김영삼·김대중 시기는 열린 대통령이라면 충분히 사회 전반을 이끌 수 있는 시대였다. 불행히도 김영삼은, 본인만의 잘못은 아니지만, 1997년 IMF 외환위기를 국민들이 겪게 하였다. 현재는 모든 나라에서 대통령의 경제에 대한 경륜이 중요함을 국민들이 인식하고 있다.

■ 지금은 세종 못지않은 대통령이 필요한 중대한 시기

한국은 많은 발전을 했지만, 여러 면에서 취약한 구조적 약점을 가지고 있다. 혼자서 국방을 감당할 수 없고, 경제도 국제관계에 크게 얽혀있다. 그런데 이 중요한 일들에서 우리 사회는 내부적으로 정책적 대립갈등도 가지고 있다. 지금 한국 대통령은 외부와 내부의 대립갈등을 조정해내야 하는 막중한 과제에 처해 있다.

지금 오늘의 한국 대통령은 아무나 책무를 다할 수 있는 때가 아니다. 대통령이 되겠다고 나서기보다 두려운 시점임을 아는 것이 대통령의 기본 자격일 수 있다.

맺음말

세종처럼 생각하는 한국인

지난 20여 년간 한국의 민주주의는 제도적으로 발전하였고, 경제발전도 선진국을 자부하는 수준까지 올라왔다. 유럽의 프랑스 정도를 우리의 1차 목표 국가로 생각해 볼만하다.

미국과 중국의 패권경쟁은 한국의 지지와 선택을 강요하고 있다. 중국의 국력과 경제성장이 너무나 급격히 확대되면서, 그동안 한국경제가 입었던 수혜는 이제 위협으로 바뀌고 있다.

중국의 기업들은 국가의 대규모 재정 지원과 내수시장을 바탕으로 규모의 경제를 확보했다. 최근에는 기술 개발에서도 경쟁력을 확보함에 따라 전세계 제조업이 위기 상태이다. 중국은 최근 인공지능, 반도체, 로봇, 우주항공, 바이오 등 최첨단 산업에서도 미국의 기술 제재마저 극복해 가는 상황이다.

국민통합을 실현할
존경 받는 대통령이 필요하다

 다수의 전문가들은 미중 패권경쟁이 적어도 향후 30년간 계속될 것으로 전망하고 있다. 미중 패권경쟁으로 한국은 양자택일을 강요받는 우려되는 상황이다. 지금 한국이 직면한 상황은 역사상 경험해보지 못한 상황이다. 새로 선택받는 대통령은 향후 30년간 한국이 직면할 국제관계와 한국경제 과제 해결을 시작해야 한다.

 현대 선진국가의 대통령 업무는 정치, 경제, 국방, 외교 등 너무나 다양하고 복잡해서 개인의 능력으로 감당할 수 있는 영역을 넘는다. 그래서 대통령의 능력을 보완하고, 대행할 수 있는 조직적, 제도적 준비가 마련되어 있는 것이 현대 국가의 연구소와 행정부이다. 한국은 이 일을 수행할 인재를 가지고 있다.

 지금 한국 대통령은 특정 부문에 대한 전문성보다는 행정부와 국회, 기업과 사회 각 기관, 단체들의 협력을 끌어내고 조정하는 능력이 중요하다. 우리 사회가 가진 모든 인재와 국민의 역량을 함께 묶어낼 수 있는 대통령이 필요하다. 한국과 세계의 탁월한 인재가 춤출 수 있는 공간을 우리 안에 만들고, 온 국민의 자발적 협력을 모아내는 과제가 대통령 앞에 있다.

국민이 먼저
'세종'이 되자

최적의 대통령을 선택하는 것은 국민 유권자에게 달려있다. 결국 국민 유권자가 5년 임기의 한국 사회를 결정하는 중요하고 무거운 책임을 갖는다. 그리고 지금의 선택은 10년, 20년 이상의 미래에 큰 영향을 줄 것이다.

매번 선거 때 기대감이 높았던 경우도 임기가 지나면서 실망감이 커지는 것이 일반적이다. 선거 과정에서 위험 요소들이 충분히 보완된 대통령이 선택되는 것이 그나마 안정적인 대통령의 역할에 도움이 될 수 있다.

결국, 국민을 존중하는, 비판을 수용하고 화합을 중시하는 존경받는 품성의 대통령이 필요하다는 데 많은 공감이 있다. 관용과 포용으로 권력을 나눌 줄 알고, 비판 세력과의 갈등을 조절할 능력이 있어서 국민통합을 이루어 낼 대통령이 지금 필요하다.

대통령보다 더 중요한 것은 우리 국민이다. 세종같이 생각하는 한국인이 등장하기를 기대해본다. 세종처럼 현명한 국민이 되는 것이 한국의 발전에 더 확실한 길이다.

세종처럼 인자하고 현명한, 비판과 포용의 균형을 이루는 한국인이 많아져야 한다. 한국인 모두가 플라톤이 말하는 '철인(哲人)'이 될 수는 없지만, 대통령 후보 2~3명 중에서 하나를 고르는 '철인정치'의 지혜는 가지고 있다.

우리 모두는
세종처럼 생각할 수 있는
한국인이다.

부록

한국 대통령 4인의 활동과 평가

대통령 선택 세종에게 묻다

한국 대통령 4인의 활동과 평가

대북정책에 대한 국민 여론

세종 주요 연표

부록

한국 대통령 4인의 활동과 평가

1. 이승만 대통령 1875-1965, 1948.7~1960.5

- 황해도 평산군 가난한 양반가 독자로 출생.
- 조선 태종의 장남 양녕대군 후손, 3살 때 한양으로 이사. 수 차례 과거 실패.
- 1897년 배재학당 2년 졸업. 독립협회, 만민공동회 참가.
- 중추원 종9품 의관, 1899년 투옥 종신징역 선고. 1904년 감옥에서 풀려남.
- 1905년 미국 조지워싱턴대 편입(1907년 졸업). 외아들 봉수 사망. 하바드대 석사 학위.
- 1910년 프린스턴 대학교 박사 학위 취득 후 한국 귀국.
- 1912년 미국으로 출국. 1918년까지 주로 하와이에서 한인 교육활동.
- 1919년 3·1운동 이후 추진된 임시정부에서 대통령이 됨. 미국 워싱턴에 구미위원부를 설치하고 외교활동.
- 1921년 약 5개월간 상해에서 활동(김구는 5년간 경무국장 역할을 수행함).

- 1921년 6월 미국으로 이동.
- 1925년 2월 임시정부에서 이승만 탄핵(1926년 10월 김구 국무령 선출). 하와이에서 동지식산회사 경영(사업 실패).
- 1941년 임시정부 주미외교위원장. 1942년 6월 미국 VOA단파 방송에서 연설.

대통령
주요 활동

1945년 9월 8일 한국에 진주한 미군은 '조선인민공화국', '대한민국 임시정부'를 인정하지 않고 미 군정청이 유일한 정부라고 선언했다. 70세의 이승만은 10월 귀국하여 독립촉성중앙협의회를 조직하여 한국민주당 등 우익세력을 중심으로 활동하였다. 12월에는 미국, 소련, 영국이 모스크바 3상 회의를 개최하고, 민주주의적 임시정부 수립과 최고 5년 기한의 신탁통치 실시를 결정했다. 이에 대해 김구, 이승만 등 우익세력과 다수의 한국인은 반탁운동을 전개했다.

1946년 5월 제1차 미소공동위원회가 결렬되자, 이승만은 6월에 남한만의 임시정부 수립을 주장하였다. 7월에 좌우온건세력을 중심으로 좌우합작위원회가 조직되었지만, 주요 세력의 불참과 10월 제2차 미소공동위원회의 결렬로 활동이 무산되었다. 미소공동위원회는 임시정부 수립을 합의하지 못하고 1947년 10월에 종결되었다. 미국은 유엔에 한국문제를 이관했고, 유엔은 인구 비례에 의한 남북한 총선거를 통해 한국에 정부 수립을 결정했다. 그러나 소련이 유엔한국임시위원단의 북한 내 활동을 반대하자, 유엔은 남한단독정부 수립을 결정하였다.

김구 등 민족주의 우익세력은 단독정부 수립에 반대했고, 1948년 4월에 평양에서 남북연석회의가 개최되었다. 김구와 김일성이 참석하여 단독정부 수립을 반대하는 결의문이 채택되었다. 하지만 남한에서는 유엔이 단독정부 수립을 결정했고, 북한에서는 이미 1947년 2월에 소련이 지원하는 김일성을 중심으로 하는 실질적인 정부가 수립되어 있었다(북조선인민위원회). 1948년 5월 남한에서 민주적인 총선거가 실시되어 국회의원을 선출하고 제헌국회가 구성되었다(김구, 김규식은 선거 불참). 제헌헌법에 따라 이승만은 대통령에 선출되었다.

이승만 재임기에 있었던 대표적 비극적 사건은 제주 4.3사건이다. 이 사건은 1948년 4월 3일 남한 단독정부 수립에 반대한 제주도 좌익세력이 경찰과 우익 청년단을 공격하면서 시작되었는데,

이승만정부는 11월에 계엄령을 선포하고, 강경진압을 하였다. 이 과정에서 다수의 민간인이 학살되었고, 지금까지 한국현대사의 비극적인 큰 상처로 남아있다. 1949년 1월 국회가 구성한 '반민족행위특별조사위원회'가 구성되었지만, 이승만정부 시기에 친일파에 대한 실질적인 처벌은 제대로 이루어지지 않았다.

이승만은 3정보 상한의 농지개혁(1950년 3월 법률공포)을 함으로써 지주계급을 청산하고, 75%에 달했던 소작농민들도 자작농이 될 수 있었다. 해방 이후 가장 실질적인 구체제 청산이자, 개혁과제였던 농지개혁이 이루어졌다.

정부수립 후 약 2년 만에 북한의 침략으로 6.25전쟁이 발발하여, 전쟁으로 인한 남북한 사상자 수가 약 300만 명에 달했다. 소련과 중국, 미국 중심의 유엔군이 참여한 6.25전쟁으로 인해 국제적인 냉전체제가 강화되었다. 전쟁 중인 1952년 8월 대선에 승리하기 위해 이승만은 5월에 부산 일대에 계엄령을 선포하고, 군을 앞세워 국회를 압박하여 직선제로 헌법을 개정하고 재선에 성공했다.

1954년에는 이승만에 한해 3선 금지조항을 적용하지 않는다는 개헌안을 불법적으로 통과시키고, 3대 대통령 선거에서 야당 후보

신익희의 사망으로 대통령에 선출되었다. 이미 80세의 이승만은 독단적이고, 다른 정치인을 혐오하는 독재자가 되어 갔다. 1958년 이승만은 경쟁자로 떠오른 조봉암을 간첩혐의로 사형시켰다.

1960년 3월 선거에서는 선거 직전 야당 후보 조병옥의 사망으로 이승만이 당선되었다. 그러나 이 과정에서 이승만과 부통령 이기붕을 당선시키기 위한 부정이 광범위하게 진행되었고, 반독재 민주화 투쟁이 전국에서 진행되었다. 대구, 마산, 광주의 부정선거 규탄 시위는 4월 18~19일에 학생과 시민 10만여 명이 참가했고, 경찰의 발포로 100여 명이 사망하는 유혈사태가 전개되었다. 이어 이승만의 하야를 요구하는 10만 이상의 시위대가 서울 시내를 메우고, 미국의 지지를 얻지 못한 이승만은 대통령직에서 물러났다.

4.19운동이 학생에 의해 주도된 것에서 알 수 있듯이, 해방 후에는 한국의 교육에서 큰 성장이 이루어졌다. 해방 시기와 1960년을 비교하면, 초등학교 수가 4,602개교로 62.3% 증가, 학생 수는 약 360만 명으로 2.6배 증가했다. 중학교의 경우, 1053개로 11배 증가, 고등학교는 640개교로 3배 증가, 학생 수는 약 26만 4천 명으로 3.1배 증가했다. 대학의 경우, 학교 수는 63개교로 3.3배 증가, 학생 수는 약 9만 8천 명으로 12배 이상 증가하였다.

평가

한 인물에 대한 평가는 쉬운 일이 아니다. 더군다나 식민지와 독립운동의 격동기에 80년 이상을 활동했던, 많은 정치세력과의 갈등이 있었던 인물에 대한 합리적인 평가는 간단한 일이 아니다. 과거의 인물에 대한 평가가 현재의 가치 판단에 의해 또다시 상이한 평가가 진행되는 것도 어쩔 수 없는 현실이다. 이승만의 집권 말기 독재정치에 대한 평가가 명료한 반면, 그의 독립운동과 해방 후 초대 대통령 시기에 대한 평가는 여러 상반된 설명도 모두 가능하다.

2차 대전 종전 후 한국에 진주한 미군과 소련군은 각각 남한과 북한에 우호적인 정권을 만들려는 정책을 추진하였고, 1946년 초부터 북한에서는 토지개혁을 시작으로 정권 수립에 들어갔다는 점을 이해할 필요가 있다. 즉 이 시기에 이미 남북한의 민주적 선거에 의한 통일된 정부 수립은 불가능해졌다는 점에서, 대한민국 정부 수립 역시 어쩔 수 없는 현실이었다(1946년 2월 북조선임시인민위원회, 1947년 2월 북조선인민위원회 성립 – 위원장 김일성).

당시의 국내외 정세를 가장 확실하게 읽어낸 두 인물이 남한에서는 이승만이었고, 북한에서는 김일성이었다. 두 사람은 모두 미국과 소련에서 활동한 경험이 있었고, 당시 세계 최강국이었던 두 나라의 정치체제와 국제정세에 밝았다. 이승만은 오랜 독립운동에 따른 국민의 지지와 미국의 정책을 활용해서 남한 정부를 수립하였다.

지난 20세기 역사의 결과를 보면, 자유민주주의 진영이 공산주의 진영에 비해 우월한 정치경제 구조를 가지고 발전했다. 해방 시기 한국의 자유민주체제 선택은 이후 민주주의와 경제발전에 크게 기여하였다.

반면에 북한의 침략으로 인한 6.25전쟁의 참상을 볼 때, 전쟁을 미리 막지 못했다는 점에서 이승만은 비판적 평가를 받아야 한다. 소련의 한반도 공산화를 해방 전부터 경고해왔던 이승만이 1949년 45,000명의 미군 철수를 막지 못했다.

1949년에 북한 정권은 소련의 지원으로 대규모 탱크부대를 만들고, 중국공산당 정부 수립 이후에는 조선인부대를 받아들여 군사력을 강화하였다. 1949년 말에는 육군본부 정보국에서 북한의 전면적 공격 가능성을 보고하였다.

이승만이 막대한 피해를 입은 6.25전쟁을 대비하지 못했는데, 외국 군대의 지원으로 전쟁에서 방어를 해냈다는 것으로 긍정적 평가를 받는 것은 부적절하다.

만약에 미국을 비롯한 유엔군의 참전이 빠르게 결정되지 못했거나, 인천상륙작전이 성공하지 못했다면, 한국인들은 공산당의 독재 하에서 자유를 잃어야 했을 것이다. 6.25전쟁의 책임이 이승만에게 있는 것은 아니지만, 이승만은 대통령으로서 국민을 전쟁의 피해에서 막아야 할 책무가 있었다.

반면에 1953년 8월에 맺은 한미 상호방위조약은 미국의 한국에 대한 경제원조와 국군 20개 사단과 해공군력 증강에 합의하여, 이후 한국의 안보와 경제발전에 기여하였다.

경제발전의 측면에서 볼 때, 식민지와 국토 분단, 6.25전쟁을 겪은 남한에서 경제적 번영을 기대하는 것은 쉽지 않은 일이었다. 해방 후 200만 명 이상의 귀환이 있었고, 6.25전쟁 전에 북한정권을 피해 내려온 월남민을 74만 명으로 추정한 권태환의 연구도 있다.

총선 직후인 1948년 5월 14일 북한정권은 남한에 대한 송전을 중단했다. 남한 하루 전력 수요 10만 킬로와트의 70%를 북한에서 구입하고 있었기 때문에 남한의 모든 공장이 가동을 중단해야 했다. 미군정이 부산과 인천으로 발전선을 가지고 오고, 전력 설비를 보완하면서 남한 발전량을 75,000킬로와트까지 복구했지만, 남한의 에너지 사정은 극히 열악했다.

이승만은 1948년 12월 한미원조협정을 체결하고, 미국의 원조 식량, 비료, 석유 등의 물자를 받아 산업부흥 5개년계획, 농림증산 3개년 계획 등을 추진하였다. 원조자금을 바탕으로 발전소, 시멘트, 비료공장 건설을 계획했지만, 전쟁으로 중단되었다.

그의 집권 기간에 농지개혁을 통해 소작제도를 없애고 자작농으로 전환시킨 것은 평가를 받고 있다. 농지개혁에 대한 비판적 평가가 일부 있다 해도, 당시 국민 대부분이 농민이었다는 점, 이들이 자작농이 됨으로써 이후 세대는 교육을 받고 한국경제발전의 인적 기반이 되었다는 의미 부여가 가능하다. 하지만 6.25전쟁으로 인해 농촌과 농민 생활은 빈곤의 악순환에 빠진 것이 구체적 실상이었다.

민주주의의 측면에서 보면, 이승만 집권기는 대한민국 역사 발전을 퇴행시킨 시기라는 지적이 가능하다. 70대 후반 연령 대통령의 목표가 집권 연장에 있고, 실질적으로 인사관리나 행정업무를 장악할 능력이 없는 상황에서 국가가 정상적으로 발전하기 어려웠다. 독재정권은 집권 연장을 위해 부패권력의 활용에 집중하였을 뿐, 사회와 경제발전에 노력하지 않았다.

그리고 이로 인한 사회적 갈등과 정치적 대립은 국가 정책의 집행과 발전에 매우 부정적 영향을 줄 수밖에 없었다. 2~4대 대통령 선거에서 승리하기 위한 이승만의 노욕 정치는 이 시기 동안 한국 사회가 발전해야 할 소중한 시간과 기회를 소진시켰고, 사회를 혼란에 빠뜨렸다.

이승만 집권 12년간을 모두 부정적으로 평가하는 것도 합리적인 것이 아니겠지만, 그 당시의 국제정세나 한미동맹 등 자유진영의 지원을 이승만의 공으로 돌리는 것도 합리적인 것은 아니다. 전쟁을 예방하고 평화를 지키지도 못했고, 장기집권 권력욕으로 인해 사회 내부의 갈등과 대립을 유발했다. 경제가 발전한 것도 아니고, 민주주의가 발전하지도 못했다. 이 모든 정치 경제 문제들이 이승만 개인만의 책임은 아니었지만, 그가 내부 분열을 통합하고 혁신할 능력이나 의지가 있는 인물도 아니었다는 평가는 가능하다.

미국의 가장 존경받는 대통령의 하나인 초대 대통령 워싱턴은 헌법에 대통령의 임기를 제한하는 규정이 없었음에도, 두 번째 임기를 마치고 정계에서 완전히 은퇴했다. 그것도 많은 국가적 과제와 국민의 지지 때문에 워싱턴 자신이 원했던 첫 번째 임기후 은퇴를 하지 못했기 때문이었다. 워싱턴은 미국 민주주의 발전의 전통을 만들었다. 이승만은 한국 민주주의 발전에 부정적 전통을 남겼다.

2. 박정희 대통령 1917-1979, 1963.12~1979.10

- 1917년 경상북도 선산군 출생.
- 1926년 구미공립보통학교 입학. 1932년 대구사범학교 입학.
- 1937년 문경공립보통학교 교사.
- 1940년 만주국 육군군관학교 입학. 1942년 만주국 육군 소위 임관. 일본 육군사관학교 제57기 편입.
- 1944년 4월 일본 육군사관학교 졸업.
- 1944년 7월 열하성(熱河省) 주둔 만주국군 보병 제8단에 배속.
- 1945년 9월 한국광복군에 편입(제3지대 제1대대 제2중대장 임명).
- 1946년 5월 미군 수송선을 타고 부산항으로 귀국.
- 1946년 9월 조선경비사관학교 입학(12월 졸업). 육군 소위 임관. 대위 진급.
- 1949년 남로당원으로 체포됨.
- 1950년 1심 무기징역, 2심 징역 10년, 징역 집행 정지 이후 강제 예편, 육군 정보국 문관으로 근무.
- 1950년 6월 6.25전쟁 중 소령으로 현역 복귀(중령 진급).
- 1953년 11월 육군 준장.
- 1956년 육군대학 입교. 1957년 소장 진급.
- 1960년 1월 부산군수기지사령부 사령관. 7월 육군본부 작전참모부 부장. 12월 제2군사령부 부사령관 전보(장면정부에서 사상문제로 의심 받음).

- 1961년 5.16 쿠데타 주도(5월 18일 장면총리의 내각총사퇴로 쿠데타 성공). 국가재건최고회의 부위원장 (의장 장도영). 7월 의장 취임.
- 1962년 대통령 직무대행(쿠데타를 방관했던 윤보선은 1962년 3월 대통령 사퇴).

대통령
주요 활동

1961년 5.16쿠데타 직후 박정희는 모든 정당, 사회단체를 해산시키고, 막대한 권한을 가진 중앙정보부를 만들었다. 정치깡패 이정재, 폭력배 임화수, 이승만 정권 당시 내무부장관 최인규, 곽영주 등을 사형시켰다.

박정희는 미국을 방문하여 케네디 대통령을 만나 민정 이양 공약을 재확인했다. 12월에 4년 임기 대통령 직선제 개헌이 이루어졌고, 1963년 10월 선거에서 박정희는 윤보선을 근소한 차이로 이기고 대통령이 되었다. 이후 박정희는 1967년 대선에서 윤보선을 이기고, 1969년에 3선이 가능하도록 헌법을 개정하였다. 1971년에는 김대중을 이기고 대통령을 유지하였다.

박정희는 1972년에는 영구집권을 위한 유신헌법을 만들고, 1972년과 1978년에 독재정치 선거제도를 이용하여 대통령에 선출되었다. 1979년에 박정희는 중앙정보부장 김재규에 의해 살해되었다(10.26사태).

박정희 집권 후반부에는 민주주의와 인권이 심각하게 파괴되고 억압되었다. 국민은 정치권력에 대한 선출 권리를 박탈당했고, 독재에 대한 비판은 긴급조치 발동으로 가혹하게 고문하고 처벌하였다. 1973년에는 중앙정보부가 일본에서 김대중을 납치하였다. 민주화운동에 대한 탄압으로 1974년에는 민청학련 사건을 조작하여 윤보선대통령 등 253명을 군법회의에 회부하여 사형, 무기징역, 20년형 등 중형을 선고하였다.

민청학련 사건의 배후로 인혁당 사건을 조작하여 도예종 등 8명이 대법원 판결 다음날 억울하게 사형을 집행당했다. 1976년 3.1 민주구국선언에 대해서는 윤보선, 김대중 등에게 징역 5년을 선고하는 등 많은 사람을 감옥에 가두었다. 1979년 10.26사태는 노동자와 야당에 대한 탄압 등으로 부산과 마산에서 일어난 국민의 저항을 군대를 투입하여 진압하는 과정에서 발생하였다.

평가

■ 경제발전 평가

박정희는 빈곤에 빠진 농민문제를 해결하기 위해 1961년 '고리채 정리'를 단행하였다. 1970년에는 새마을사업으로 정부가 시멘트 등을 지원하고 농민들이 노동력을 제공하는 공동사업을 추진하였다. 1973년 치산녹화 10개년계획은 1978년에 완수되어 국토의 녹화가 진행되었다.

1964년 미국의 베트남 파병 지원 요청에 대해 박정희는 일부 야당의 반대에도 불구하고 한국군을 베트남에 파병하였다(한국군 전사자 수 5,000여 명). 정치군사적 목적이 주된 것이었지만, 한국군 현대화와 경제성장에 기여하였다.

박정희시대의 경제개발은 1965년 한일협정이 중요한 계기가 되었다. 한일협정은 지금도 논란이 남아있지만, 외국자본과 기술 도입에 큰 도움을 주었다(장면정부 시기에 일본과 논의했던 배상금액이 한일협정에서 줄어들었다). 수출지원 정책이 강화되면서 섬유와 합판 등 경공업 상품의 수출로 높은 경제성장을 이루었다.

1970년에는 경제의 동맥인 경부고속도로가 건설되었고, 1973년에는 철강, 조선, 전자, 기계, 화학, 자동차 등 중화학공업 육성이 강력하게 추진되었다(1980년대 초 수출 100억 달러, 국민소득 1000달러 목표). 적극적인 외자 유치가 이루어지고, 기업에는 조세와 금융 등의 지원이 이루어졌다. 그 결과 한국경제성장을 위한 중화학공업의 토대가 마련되었다. 반면에 박정희 사후 방위산업과 중화학공업에 대해서는 과잉투자 문제가 제기되기도 했다.

1973년에 시작된 중동건설은 상당한 성과를 냈다. 1978년에 허가업체 관리가 무너지면서 갑자기 20개 회사에서 58개 건설사의 진출이 허가되었다. 이후 중동 건설경기가 냉각되면서 부실기업이 속출하는 큰 폐해를 만들었다.

박정희시기의 경제개발은 여러 차례 기업부실과 정경유착 등의 문제를 일으키기도 했지만, 이후 한국경제성장을 이루는 기초가 되었다. 국토종합개발계획을 실시하고 식량 증산과 벼품종 개량으로 식량자급에도 진전을 이루었다.

한국과학기술연구원(KIST) 설립(1966년), 103만톤 포항제철 건설(1973년), 나프타공장을 비롯한 10만 톤 울산석유화학단지 건설(1970년), 구미 선사공업단지 건설, 방위산업 건설을 위해 창원 기계공단, 국방과학연구소를 건설했고, 수출을 목표로 하였다.

1978년 고리 원전 1호기가 최초로 상업 운전을 시작하였다. 1970년에는 수출 10억 달러를 달성하였고, 1977년 수출 100억 달러를 달성했다(1995년 수출 1,000억 달러, 2011년 수출 5,000억 달러). 1977년에는 500인 이상 사업장 의료보험이 실시되어 소규모기업까지 확대되는 한국 의료보험의 토대를 만들었다(1979년 공무원과 사립교원, 1988년 농어촌 주민과 5인 이상 사업장, 1989년 도시 자영업자 편입).

현재 한국의 주요 산업과 기업 대부분이 박정희시대에 토대가 마련되었거나 시작되었다는 점이 박정희의 경제발전에 대한 기여로 평가되는 이유이다. 이러한 성과가 박정희 한 개인에 의해 이루어졌다는 의미라기보다는 그의 대통령 집권기에 한국인들의 총력이 이룬 결과라는 의미다. 박정희 시기에 희생된 노동자, 농민들이 모두 이 시기 경제성장을 만들었다.

박정희시기 경제성장을 만든 노동자의 고통스러운 삶이 전태일열사의 분신사건이다(1970년 평화시장 봉제공장의 재봉사로 일하며 노동자의 권리를 요구하며 분신). 전태일의 분신에도 불구하고, 박정희는 적극적인 관심을 보이지 않았고, 노동자의 노동환경은 별로 나아지지 않았다.

박정희는 일제 식민지하에서 그의 성장기를 모두 살았다. 그리고 그가 44세일 때 5.16쿠데타를 감행했다. 1960년 한국 1인당 GDP는 94달러(필리핀 1인당 GDP 267달러)였다. 식민지에서 빈농의 자식으로 자라나, 군인으로 출세하고 싶었던 청년 박정희! 그에게는 민주주의에 대한 인식이 결여되었다. 박정희 집권 시기 1966년 한국비료의 사카린밀수사건에서 볼 수 있듯이, 정권과 재벌의 불법적 유착이 있었다. 경제성장의 이면에는 독재정권과 정경유착, 그리고 노동자의 희생, 인권 탄압이 병행되었다.

■ 남북관계 평가

1960년대 한반도에는 상당한 긴장감이 감돌고 있었다. 1965년에는 미국에 이어 남한이 베트남에 파병을 하였고, 북한도 월맹에 대해 군수를 지원하고 병력을 파견하였다. 1967년에는 북한이 남한에 대해 비무장지대에서 폭격을 가했으며, 1968년에는 어선납북, 1.21 청와대기습공격, 미국 정보함 프에블로호 납북사건이 벌어졌다. 1960년대에 남조선혁명론에 방향을 두고 북한이 지원하던 김종태의 통일혁명당은 남한에서 뿌리를 내리지 못했다. 무장간첩 파견 등과 같은 북한의 모험적인 행동은 모두 실패하였다.

1970년대 초반은 닉슨독트린과 미소, 미중관계의 개선이라는 세계사적인 해빙 기운이 싹트던 해였다. 1970년 2월 미국 대통령

닉슨은 세계 각국, 특히 아시아 및 중남미 국가들은 자국 국방의 책임을 져야 하며, 미국이 아시아대륙에 다시는 지상군을 투입하지 않을 것임과 주한 미 지상군의 철수나 감축을 암시하였다.

1971년 7월 키신저 미백악관 안보담당 특별보좌관이 비밀리에 북경을 방문하고, 1972년 2월 닉슨이 북경을 방문하였다. 키신저의 북경방문후 중국 정부는 주은래를 김일성에게 보내 미중관계의 변화를 설명했다. 북한 정부는 미군의 남한 철수와 미국이 남북한의 직접협상을 방해하지 말 것 등 8가지 요구를 중국 정부가 미국에 전달해 줄 것을 요청하였다.

키신저의 1971년 10월 중국 방문시에 북한의 요구사항이 전달되었다. 김일성은 11월에 북경을 비밀방문하여 주은래-키신저 회담의 경과와 북한의 요구에 대한 미국측의 반응을 직접 청취하였다. 이 과정에서 북한과 중국은 미군철수를 현실화시키기 위해서는 남북대화를 통한 긴장완화 조치가 필요함을 인식한 것으로 보인다.

급변하는 동북아정세 속에서 1971년 8월 남한의 적십자사 총재가 남북적십자회담을 북에 제의하였고, 북한 적십자사 위원장은 이를 수락하였다. 이로써 남북적십자사 사이의 접촉이 시작되어 수차례의 예비회담, 당국 간 비밀접촉이 진행되었다. 이후락 중앙정보부장이 비밀리에 평양을 방문하여 김일성을 면담하고, 북한의 박성철 제2부수상이 서울을 방문하여 박정희를 면담하였다. 이후락, 박성철의 평양, 서울 방문과 이를 통해 이루어진 양측간의 고위회담에서 합의된 내용을 1972년 7월 4일에 서울과 평양에서 남북공동성명의 형식으로 발표하였다.

7.4남북공동성명에서 가장 핵심적인 내용은 남북한 사이의 통일 원칙으로 인용되는 '자주통일, 평화통일, 민족대단결'의 3대 원칙이었다. 그리고 상대방에 대한 중상비방 및 무장도발의 중지, 불의의 군사적 충돌을 막기 위한 적극적인 조치와 서울-평양 사이의 상설직통전화 설치, 다방면적인 제반 교류의 실시, 남북적십자회담 성사, 남북조절위원회의 구성 운영을 포함하고 있다.

여러 가지 합의 사항 중에서 핵심적인 내용이면서도 가장 많은 논란을 빚은 내용은 '자주통일, 평화통일, 민족대단결의 3대 통일원칙'이다. 공동성명이 발표된 후 북한의 박성철은 통일의 3대 원칙 특히 자주통일의 조항에 따라 외세인 미군의 남한 주둔 명분이 사라졌다고 강조했다. 남한 국민 대다수는 7.4남북공동성명에 대해 진심으로 환영하였고 통일에 대한 기대감이 커졌으며, 남한 정부는 '북한의 통일원칙을 수락했다'는 논란에 휩싸였다.

이에 따라 당시 총리이던 김종필은 7.4남북공동성명 발표와 관련한 정부의 입장을 밝히면서 '유엔은 외세가 아니다'라고 대응하였다. 이어서 박정희는 '7.4남북공동성명에 대해 지나친 낙관은 하지말라'고 지시하였고, 남한 정부는 안보와 체제 강화의 중요성을 강조하였다.

이처럼 남북한 정부의 평가가 달랐음에도 불구하고, 남북적십자 본회담용 직통전화가 가설되었으며, 남북적십자 본회담, 남북조절위원회 회의가 서울, 평양에서 열렸다. 그러나 1973년 8월에 북한이 일본에서 발생한 김대중납치사건을 이유로 남북대화의 중단을 선언함으로써 7.4남북공동성명으로 이루어진 남북대화는 중단되고 말았다.

박정희시대의 대표적 남북관계 사건인 7.4남북공동성명에 대한 평가는 시대에 따라 차이가 있으며, 다양한 평가가 존재한다. 7.4남북공동성명 발표 후 3개월 만에 남한에서는 박정희가 유신체제를 출범시키고 독재를 강화했다.

북한에서도 5개월 후에 사회주의헌법을 만들어 김일성의 유일지배체제를 제도적으로 강화하였고 김정일 후계체제 구축을 준비하였다. 해방 이후 남북한 정권이 차이는 있지만 '통일문제'를 각자의 체제 정당화와 반대세력에 대한 억압에 활용해왔던 것처럼, 7.4남북공동성명도 일정 부분 남북한 정권의 강화에 이용되었다.

 7.4남북공동성명은 남북한 내부의 조건이 성숙하지 못한 상태에서 국제정세의 화해무드 조성에 따라 도출된 측면이 있다. 7.4남북공동성명에는 6.25전쟁으로 인한 민족적 피해에 대한 반성도 담겨 있으며, 남북한 사이의 전쟁을 피해야 한다는 남북한 정권의 인식 일치가 있었다고 평가할 수 있다. 7.4남북공동성명은 발전적으로 지속되지는 못했지만, 남북이 협상의 시대, 공존의 시대로 접어들었음을 보여주었다.

3. 김영삼 대통령 1929-2015, 1993.2~1998.2

대통령 이전 활동

- 경상남도 거제군 출생. 부친이 거제도에 멸치어장 소유.
- 1951년 서울대학교 철학과 졸업. 1951년 2월 학도의용군 입대. 국회의원 장택상 비서관.
- 1951년 5월 장택상 국무총리실 인사담당 비서관.
- 1954년 자유당 만 25세 최연소 국회의원. 사사오입 개헌이 통과되자 자유당 탈당.
- 1955년 민주당 입당. 1960년 국회의원 재선.
- 1963년 군정연장 반대 시위 참여로 서대문형무소 수감.
- 1965년 민중당 원내총무. 신민당 원내총무.
- 1971년 대통령 선거 당 후보 경쟁에서 김대중에 결선투표에서 패배(김대중 선거운동 참여). 1974년 신민당 당총재(1973년 김대중 납치사건 발생).
- 1979년 신민당 총재. YH노동자 사건 등으로 박정희정권에 의해 국회의원 제명당함. 부마항쟁에 이어 10.26사태로 박정희 사망한 후 김대중과 대권 경쟁. 전두환의 5.17 비상계엄 확대조치로 연금.
- 1983년 23일 동안 단식투쟁. 통일민주당 총재로 민주화추진협의회를 구성.

- 1984년 김대중과 신한민주당 창당. 1986년 대통령 직선제 개헌 1천만 서명운동.
- 1987년 김대중과 함께 통일민주당 창당. 10월 김영삼 대통령 선거 출마 발표(김대중은 통일민주당 탈당, 평화민주당 창당). 대선에서 노태우에 패배.
- 1990년 민주정의당-통일민주당-신민주공화당 3당 합당 민주자유당 대표최고위원. 민주자유당 대표.
- 1992년 12월 14대 대선 대통령 당선.

대통령
주요 활동

5공군부세력인 노태우의 민주정의당과 합당하여 정권을 잡은 김영삼은 32년 만의 문민정부를 내세우며 개혁정책을 통해 군부세력과의 단절을 도모하였다. 1993년 군부 사조직인 하나회를 해체하여 군부를 개편하였다. 참모총장, 기무사령관, 수방사령관, 특전사령관 등 군 고위 간부 87명 중에서 50명을 교체했다. 임기 초에 총 1,000여 명의 장교를 교체했다.

김영삼의 17여 억원 재산공개로 시작하여, 당 대표와 사무총장, 장관과 대통령실 수석비서관 등 고위공무원의 재산을 공개

하였다. 이어서 공직자윤리법을 개정하여 1급 이상 공직자의 재산공개를 의무화하여 공직사회의 투명성을 높였다(국세청, 검찰, 감사원 등 권력기관의 경우 4급 이상 재산등록). 재산공개는 언론의 폭로가 이어지면서 큰 파문을 일으켰고, 3,000여 공무원이 구속, 징계를 받았다. 물의를 빚은 전현직 국회의장, 의원의 경우 사퇴, 제명조치를 당하기도 했다.

8월에는 긴급명령을 통해 금융실명제를 도입하였는데, 금융실명제는 지하경제 근절, 기업과 정치권의 비자금 부패를 없애려는 목적이었다. 금융실명제는 장기적 차원에서 큰 기여를 했지만, 종합과세 도입이 뒤로 미루어진 점 등에서는 개혁의 효과가 부족하였다.

1994년에는 선거부정 방지법과 정치자금법 개정으로 선거제도가 엄격해졌다. 1995년에는 특별시·광역시장, 도지사, 시장, 군수 등의 지방자치단체장 선거를 실시하였다. 시도지사와 기초단체장 선거에서 김영삼 정권은 크게 패하였고, 정국 주도권을 상실하였다. 김영삼은 1995년 광복 50주년 경축식에서 총독부 청사 중앙돔 랜턴의 해체를 시작으로 철거에 들어갔다(1996년 철거 완료). 이와 더불어 경복궁을 복원하고, 용산에 국립중앙박물관을 건설하였다.

김영삼은 1993년 취임 이후 김일성과의 남북정상회담을 제안하였다(1991년 9월에는 남북한이 유엔에 동시 가입하였고 12월에는 남북기본합의서를 채택하였다. 남북기본합의서는 남북한 상호 체제인정과 상호불가침, 남북한 교류 및 협력 확대안이 주요 내용이다. 1992년 한반도 비핵화공동선언과 남북합의서 이행과 관련한 3가지 부속합의서를 발효했다).

1994년 6월 북한 핵문제를 중재하려 북한을 방문한 카터 전 미국대통령을 통해 김일성 주석이 김영삼 대통령에게 정상회담을 제안하면서 1994년 7월 25일부터 27일까지 평양에서 남북정상회담을 열기로 결정되었다. 그러나 7월에 김일성이 갑자기 사망하면서 남북정상회담은 무산되었다. 이후 '조문파동'을 겪으면서 남북관계는 경색되었다. 1994년은 북핵문제로 미국 클린턴행정부가 북한의 영변 원자로에 대한 폭격을 논의하였고, 김영삼은 이를 반대한 것으로 알려졌다. 1994년 북한과 미국은 제네바 합의를 이루었다.

김영삼은 전직 대통령 비자금 수수설에 대한 공개 수사를 지시하여, 1995년에 12·12 군사 반란, 5.17 비상계엄 확대조치, 광주 민주화 운동 관련자들의 처벌이 이루어졌다. 전두환은 내란 수괴 등의 혐의로 구속 기소되어 무기징역이 선고되었다 (1997년 12월 김대중과 협의를 거쳐 사면, 비자금 약 1,700억 원이 추징되지 않음). 노태우는 비자금 사건 등으로 징역 17년 선고되었다(1997년 12월 사면).

 김영삼의 임기 중인 1994년 참여연대 발족, 1995년에는 민주노총이 설립되었고, 시민운동과 노동운동이 크게 발전하였다. 1994년에는 성수대교 붕괴, 1995년에는 삼풍백화점 붕괴가 사회에 큰 충격을 주었다. 김영삼의 아들이 1997년 5월 한보그룹 비리에 연루되어 구속되었다. 대선 국면에 진입하면서 김영삼은 정치적 중립을 수용하였다.

 1996년 12월에는 경제협력개발기구(OECD) 29번째 회원국이 되었는데, 국민에게 선진국 진입의 착각을 만들었다. 단기외채가 급증한 상황에서 1997년 1월 한보철강이 부도로 도산했다. 이어서 기아자동차 등의 부도 사태가 발생하고, 외환 부족으로 인해 국제통화기금(IMF)의 구제금융을 받는 외환위기가 발생하였다. 기업들은 단기부채의 연장도 거절되었고 상환을 독촉받았다. 이 시기에 한국을 비롯하여 아시아 국가들 전반이 큰 금융 위기를 겪었다(한국, 인도네시아, 태국이 가장 큰 위기를 겪음).

 한국의 외환위기는 기업들의 무분별한 차입에 의존한 과잉투자가 주요 원인이었다. 1980년대 중반 이후 한국 재벌들은 정치

권력의 등 위에 올라타기 시작했다. 전두환과 노태우 부패한 대통령은 재벌의 비자금에 취하면서 통제력을 잃었다. 의회도, 관료도, 언론도 모두 재벌의 영향력 안에 있었다. 김영삼 정부는 재벌에 대한 구조조정을 하지 않았다. 재벌들은 해외에서 빌려온 대규모 자금들을 중복투자하는 일이 벌어졌다.

경제성장률이 낮아지고 수출액이 감소하는 상황에서 대외채무 폭증이 진행되었지만, 정부와 기업들이 적절하게 대응하지 않고 있었던 것이 외환위기로 이어졌다(1996년의 무역 적자 230억 달러, 외채 1,500억 달러). 정부는 환율급등을 막으려고 118억 달러를 외환시장에 쏟아부었으나, 대외부채 상환용 외환마저 모두 소모하였다.

12월 3일 IMF와의 협상이 최종적으로 합의되었다(IMF와 국제기구에서 583억 달러 지원). 이로써 국가 부도 위기를 넘기고 외채의 만기 연장도 1998년 1월 15일 77.4%로 급속히 회복되었다. 하지만 수천 개의 기업부도 등으로 대량 해고가 발생했다(기아자동차, 한보, 대우, 삼미, 진로, 해태 등 부채 비율 500%를 넘는 재벌기업들이 망함. 1999년 2월 실업률 8.7%까지 이어짐). IMF 구조조정의 여파로 기업 도산이 속출하고, 대량의 실업자가 발생하여 국민은 엄청난 고난을 겪었다.

평가

■ 민주주의 평가

김영삼 시기의 평가는 1997년 외환위기로 인하여 모든 것이 묻혔다고 할 정도로 임기말 경제위기가 심각하였다. 국민 모두가 위기감에 빠졌고, 수많은 기업이 도산하고, 노동자들이 실직하는 상황이 벌어졌다. 하지만 김영삼 시기에도 주목할 만한 성과들이 이루어졌는데, 그중에서 중요한 것의 하나는 군부세력 청산으로 정리할 수 있다. 군부 사조직인 하나회 해체, 전두환과 노태우 처벌, 금융실명제 실시로 오랜 부정부패 고리가 정리될 수 있는 계기를 만들었다(개혁정책 실시로 임기 첫해 중반 지지율이 80%대에 달했다).

1980년 12.12군부 쿠데타로 정권을 잡고, 시민을 살해하며 정권을 잡았던 전두환, 노태우에 대한 처벌도 김영삼 시기에 이루어졌다. 이들은 김영삼 임기 말에 대통령에 당선된 김대중과의 협의에 따라 사면되었다. 김영삼이 처벌하지 않았다면, 김대중은 정치적 갈등을 우려하여 전두환, 노태우를 처벌하기 어려웠을 가능성도 있다. 이것은 김영삼의 지역 기반이 경상도였던 것에 원인을 둘 수도 있지만, 한국 민주주의의 한 획을 긋기 위한 김영삼의 정치적 결단이었다는 점을 충분히 평가해야 한다. 김영삼의 '성공한 쿠데타' 응징 이후 한국 정치에서 군부쿠데타의 불안감이 거의 소멸되었다는 의의가 매우 크다. 그의 임기를 거치면서 한국 민주주의는 한 단계 더 진전하였다.

> **1997년 외환위기 주요 경제 일지**
> (엄청나게 발생한 기업의 연속 부도가 사회전체를 공포로 몰아넣던 시기였다. 일지를 읽으면 그 시기의 위기를 느낄 수 있다.)
>
> ○ 1997년 1월 23일 한보철강 부도
> ○ 1997년 1월 30일 (주)한보 및 재계 순위 14위 한보그룹 최종 부도
> ○ 1997년 3월 19일 재계 순위 26위 삼미그룹 부도
> ○ 1997년 4월 21일 진로그룹 부도
> ○ 1997년 5월 15일 삼립식품 부도
> ○ 1997년 5월 19일 대농그룹 부도유예협약
> ○ 1997년 5월 31일 한신공영그룹 부도
> ○ 1997년 7월 2일 태국 바트 화 폭락
> ○ 1997년 10월 15일 쌍방울그룹 부도
> ○ 1997년 10월 22일 기아자동차 법정관리 신청
> ○ 1997년 10월 24일 S&P사, 한국 국가신용등급 하향조정
> ○ 1997년 10월 28일 한국 종합주가지수 500선 붕괴
> ○ 1997년 11월 1일 재계 순위 24위 해태그룹 부도
> ○ 1997년 11월 4일 재계 순위 25위 뉴코아그룹 부도[
> ○ 1997년 11월 10일 대미 현찰매도율 1달러에 1,000원 돌파

- 1997년 11월 21일 임창렬 부총리 IMF에 구제금융을 공식 신청 발표
- 1997년 11월 29일 한국 정부와 IMF간 지원 협상 사실상 합의
- 1997년 12월 2일 고려종합금융 등 9개 종금사 영업정지
- 1997년 12월 3일 IMF 총재, 임창렬 부총리, 구제금융 합의서 서명, IMF 한국에 555억 달러 지원 확정.
- 1997년 12월 6일 재계 순위 12위 한라그룹 및 영진약품 부도, IMF 1차 지원금 56억 달러 제공
- 1997년 12월 7일 대우그룹, 쌍용자동차 인수 최종 확정
- 1997년 12월 9일 경남모직, 동양어패럴 부도,
- 1997년 12월 10일 무디스 한국국가신용등급 준 Junk 수준으로 하향. 5개 종금사 추가 업무정지
- 1997년 12월 11일 자본시장 전면개방.
- 1997년 12월 18일 제15대 대통령 선거, 야당의 김대중 후보 당선
- 1997년 12월 19일 세계은행 및 ADB 자금지원 협상 완료
- 1997년 12월 23일 대미 현찰매도율 2000원 돌파, 국공채시장 등 채권시장 전면개방
- 1997년 12월 24일 정부 IMF 구제금융 협상에 대한 신청 발표
- 1997년 12월 25일 IMF 및 주요 선진국 자금 조기지원 발표
- 1997년 12월 27일 재계 순위 35위 청구그룹 부도
- 1998년 1월 11일 김대중 대통령 당선자, 재계 4대그룹 총수 재벌개혁 5개 항 합의
- 1998년 1월 14일 나산그룹 부도
- 1998년 1월 16일 현대그룹 구조조정 계획 발표
- 1998년 1월 18일 재계 순위 31위 극동그룹 부도
- 1998년 2월 3일 S&P, 국가신용등급 3단계 상향조정

- 1998년 2월 17일 10개 종금사 인가취소(첫 금융기관 퇴출),
- 1998년 3월 7일 단국대학교 부도
- 1998년 3월 12일 단기외채 2백 18억 달러 만기 연장
- 1998년 3월 18일 백화점 미도파 부도
- 1998년 5월 12일 재계 순위 28위 거평그룹 부도
- 1998년 5월 16일 외국인 주식투자한도 폐지
- 1998년 6월 12일 5대그룹 간 빅딜 추진, 한국전력공사 등 9개 공기업 조기 민영화 확정
- 1998년 6월 18일 금감위, 퇴출 대상 55개 기업 발표
- 1998년 6월 29일 금감위, 금융기관 구조개혁 조처(동화, 동남, 대동, 경기, 충청 5개 시중은행 폐쇄),
- 1998년 7월 1일 재계 순위 32위 한일그룹 부도
- 1998년 7월 11일 상업은행, 한일은행 합병 발표
- 1998년 9월 10일 하나은행, 보람은행 합병 발표
- 1998년 9월 11일 국민은행, 한국장기신용은행 합병 발표
- 1998년 10월 7일 기아자동차, 현대에 낙찰
- 1998년 12월 7일 정부·재계, 5대 재벌 구조조정안 합의
- 1998년 12월 31일 제일은행, 뉴브리지 캐피탈에 매각(지분 51%)하기로 합의
- 1999년 2월 12일 무디스, 한국 신용등급을 투자적격으로 상향 조정
- 1999년 4월 1일 제1단계 외환거래 자유화
- 1999년 4월 19일 대우그룹 구조조정 계획 발표(대우중공업 소선 부문 (現 한화오션) 매각
- 1999년 5월 20일 현대전자, 빅딜로 LG반도체를 인수
- 1999년 7월 7일 종합주가지수 1000선 돌파

- 2000년 4월 15일 대우그룹 공식 해체
- 2000년 9월 1일 현대자동차 등 자동차 계열사 현대그룹에서 분리
- 2000년 9월 20일 IMF 대기성차관 60억 달러 조기상환 방침 발표
- 2001년 8월 23일 한국은행, IMF 구제금융 차입금 전액 상환. IMF 관리체제 종료

4. 김대중 대통령 1924-2009, 1998.2~2003.2

대통령 이전 활동

- 전남 신안군 하의도에서 출생.
- 1944년 목포공립상업학교 졸업. 목포상선회사에 경리사원으로 입사.
- 1945년 해방 후 건국준비위원회 전남도 목포지부 선전부원.
- 1947년 한민당 전남도 목포지역지구당 상무위원.
- 1948년 목포일보 사장. 1952년 흥국해운회사 사장.
- 1954년 3대 국회의원 선거 무소속으로 목포시 출마 낙선.
- 1955년 민주당 입당. 1957년 민주당 중앙상임위원.
- 1959년 민주당 강원도 인제군 지구당 위원장. 1960년 국회의원 선거 낙선.
- 1961년 민의원 당선, 직후 5.16쿠데타로 활동 정지.
- 1963년 민주당 소속으로 목포에서 제6대 국회의원 당선.
- 1967년 신민당 정무위원 겸 대변인. 제7대 국회의원 당선.
- 1971년 4월 제7대 대통령 선거에서 신민당 후보로 출마(김영삼과 경선에서 승리). 김대중은 539만 표를 얻어 634만 표를 얻은 박정희에게 패배.
- 1971년 5월 제8대 국회의원 선거에서 신민당 전국구로 당선.
- 1973년 7월 워싱턴에서 한국민주회복통일촉진국민회의(한민통) 결성하여 초대의장. 8월에 김대중 납치 사건 발생(중앙정보부에 의해 8월 8일

일본 도쿄에서 납치되어 13일에 서울 동교동 근처에서 풀려남). 가택연금과 동시에 정치활동을 금지당함.

- 1976년 3월 1일에는 윤보선, 정일형, 함석헌, 문익환 등 재야 민주지도자들과 함께 '명동 3.1 민주 구국선언' 주도하여 긴급조치 9호 위반으로 구속. 징역 5년, 자격정지 5년형을 확정.
- 1978년 2년 9개월만에 형집행정지로 가석방된 후 장기 가택연금.
- 1979년 4월 윤보선, 함석헌, 문익환 등과 함께 '민주주의와 민족통일을 위한 국민연합' 공동의장. 10·26 사태로 박정희 사망 후 가택연금 해제.
- 1980년, 12·12 군사 반란으로 실권을 장악한 신군부는 5월 17일 비상계엄을 전국으로 확대하면서 김대중을 연행하여 군사재판 사형 선고. 미국의 압력으로 1981년 20년형으로 감형하고 형집행정지 처분. 1982년 12월 미국으로 출국.
- 1985년 2월 귀국. 동교동 자택에 연금.
- 1985년 김영삼과 민주화추진협의회 공동의장.
- 1987년 4월 통일민주당 상임고문, 7월 사면복권. 제13대 대통령 선거 후보 출마를 김영삼과 야당 후보 단일화 협상이 결렬되자, 10월 통일민주당 탈당. 11월 평화민주당 창당. 12월 제13대 대통령 선거에서 노태우 당선(김영삼에 이어 3위).
- 1988년 평화민주당 소속으로 제13대 국회의원.
- 1990년 노태우, 김영삼, 김종필의 3당 합당에 맞서 민주당과 합당하여 통합 민주당 출범.

- 1992년 5월 민주당 대통령 후보. 1992년의 대통령 선거에서 김영삼, 정주영과 출마. 김영삼 대통령 당선 후 정계 은퇴 성명 발표.
- 1993년 7월 영국에서 귀국, 1995년 7월 정계복귀 선언, 새정치국민회의 창당.
- 1997년 11월, 국민회의는 내각제 개헌을 약속하며 자민련의 총재였던 김종필, 박태준과 후보 단일화 합의. 12월 15대 대통령 선거에서 40.3%로 이회창, 이인제를 이기고 당선.

대통령 주요 활동

대통령에 당선된 김대중이 부딪친 첫 번째 과제는 1997년에 발생한 외환위기 극복이었다. 외환위기는 1997년 11월 21일 임창렬 부총리가 IMF에 구제금융을 공식 신청 발표하고, 11월 29일 한국 정부와 IMF간 지원 협상이 사실상 합의되면서 해결의 실마리를 풀었다. 12월 3일에는 IMF가 한국에 555억 달러를 지원하기로 확정하였다. 12월 25일에는 IMF 및 주요 선진국 자금 조기지원이 발표되었다. 이로써 외환위기는 극복의 전환점이 이루어졌고, 1998년 1월 금모으기운동이 전국적으로 진행되었다. 300만 이상의 국민이 하나하나씩 모은 금은 200톤이 넘었다(당시 시세로 20억 달러 이상).

김대중은 IMF와의 협의에 따라 정책을 진행시켰고, 중복 과잉 투자 업종을 이유로 기업 간 빅딜이 진행되었다(LG반도체 현대전자 인수, 삼성자동차 프랑스 르노 인수 등). 30대 재벌 중에서 11개가 사라졌고, 재벌의 투명성을 높였다. 시중 은행이 퇴출되는 등 은행 통폐합이 있었다. 하지만 막대한 공적 자본이 투입된 기업이 외국자본에 싼값으로 팔려나갔다는 국부 유출 비판도 있었다.

1998년 경제성장률이 마이너스에서 1999년과 2000년에는 9% 전후의 성장이 이루어졌다. 외환보유고도 2001년 말에는 1천억 달러 이상이 되었다. 외환위기는 2001년 8월 IMF 구제금융 차입금 전액 상환으로 IMF 관리체제가 종료되었다. 김대중 정부에서는 정보산업(IT)에 관련된 벤처기업 육성이 활발히 추진되었다. 지방 벤처기업 육성, 벤처기업 조세감면, 투자 활성화 정책을 추진하였다.

1999년 국민기초생활 보장법을 제정하여 빈곤층의 기초생활을 개선하였다. 이 법의 제정으로 인간다운 생활을 할 권리의 보장이 현실화되었다. 복지, 교육, 고용에서의 장애인 정책도 개선되었다. 김대중은 한국 사회 복지 수준을 전반적으로 끌어올리는 선도적인 역할을 했다는 평가를 받고 있다.

2001년에는 중앙언론사에 대한 세무조사가 실시되었고, 조선일보, 동아일보 등의 사주가 세금포탈 등으로 징역형(집행유예)과 벌금 추징을 받았다. 이 사건을 계기로 정부와 언론 사이의 대립이 격화되기도 했다. 반면에 김대중은 시민단체에 대한 지원을 적극 확대하여 시민단체의 수가 급증했고, 이들이 선거와 정치에 주는 영향력이 크게 확대되었다. 김대중 임기 중인 2001~2002년에는 아들이 부정행위로 인해 처벌되는 일도 있었다. 각종 부정부패 '게이트'가 발생하여 정권의 도덕성이 추락함으로 인해 정책 추진력이 크게 약화되었다.

1990년대 소련과 동구권의 붕괴 등으로 북한 경제는 위기 수준으로 치달았다. 김영삼 정부와 논의되었던 남북정상회담이 김일성의 사망으로 무산되고, 김정일은 경제위기를 벗어나기 위해 남북협력을 모색하였다. 김대중은 대북포용정책을 추진했고, 1998년 현대 정주영회장의 소떼 방북, 금강산관광 등을 지원했다.

2000년에는 남북정상회담이 합의되어, 김대중-김정일의 6.15 공동선언이 발표되었다. 여기에서 이산가족 방문과 경제, 사회, 문화, 체육, 보건 등 분야의 교류협력에 합의하였다. 이후 남북장관급회담이 개최되어 합의사항에 대한 구체적 실행을 위해 남북경협의 확대, 경의선 철도 연결과 도로 개설 등이 합의되었다. 1999년 제1연평해전과 2002년 제2 연평해전, 두 차례 북한의 도발이 있었지만, 남북관계 악화로 이어지지는 않았다.

2001년 9월 11일 이슬람 과격단체 알카에다의 공격으로 미국의 세계무역센터 쌍둥이 빌딩이 붕괴하였다(9·11 테러, 2,977명이 사망하고 25,000명 이상이 부상). 부시 대통령이 2002년 1월 북한을 '악의 축'으로 지목하고, 북한이 강하게 반발했다. 이로써 한미 간의 대북정책에 대한 시각차가 노출되었는데, 10월 북한을 방문한 미국무부 동아태차관보 제임스 켈리가 북한의 고농축우라늄 핵개발 프로그램을 제기하여 북핵문제가 재발하였다. 이어서 진행된 남북장관급회담에서는 핵 문제를 대화와 평화적 방법으로 해결하기로 하고, 남북교류협력의 지속적 추진을 합의하였다.

김대중 정부가 남북정상회담이 있기 전인 2000년 6월 4억 5천만 달러를 현대그룹을 통해 북한에 송금한 '대북 불법 송금사건'이 노무현 정부 출범 직전 표출되었다. 2003년 노무현 정부 출범 후, 국회에서 특검법을 통과시키고 현대상선, 현대건설 등이 5억 달러의 비밀 자금을 마련했다는 사실이 드러났다. 이 사건으로 박지원 전 대통령 비서실장이 징역형을 선고받았고, 정주영 회장을 이어받은 현대그룹 정몽헌 회장은 현대 계동사옥에서 투신하였다.

남북관계
평가

김대중의 대북정책에 대한 평가 역시 대단히 어려운 문제이다. 그 주된 이유의 하나는 지금 김대중의 대북정책이 발전적으로 결실을 맺지 못하고, 한반도 정세가 악화되었기 때문이다. 북한 김정일이 2006년 핵실험을 시작하여 이제는 김정은이 ICBM과 핵무기 보유 상태이다. 북한의 핵실험과 핵 보유 추진은 국제사회의 북한에 대한 제재를 초래하고, 남북한의 경협 등 모든 화해협력 정책을 무산시켰다.

김대중의 대북정책 평가는 어쩔 수 없이 몇 가지 가정이 불가피하다. 김대중의 대북 포용정책이 선순환하였다면, 북한은 핵무기 보유를 추진하지 않았을 것인가 하는 가정이다. 남한의 대북화해협력정책에도 불구하고 북한정권은 남북경협과 핵무기 보유라는 두 가지 정책을 전략적으로 추진하였을 가능성이 있다. 그만큼 1990년대 중반에 국가 존망의 경제위기에 빠졌던 북한 정권의 체제 위기는 심각하였다.

하지만 남북경협과 국제관계가 무난하게 진전되었다면, 북한은 핵실험을 서둘러서 진행하거나 핵 보유에 전력을 다하지는 않았을 수 있다. 따라서 2002년 미국 부시행정부의 북한에 대한 압박은 상당히 부적당한 정책이었다고 볼 수 있다. 김정일 역시 핵 보유 추진시 그들이 감당해야 할 외부의 제재와 압박을 의식하였고, 경제 회복의 필요성이 절실하였기 때문이다. 2002년에서 2006년 10월 북한의 핵실험까지의 시간 동안에 핵 문제를 해결하지 못한 것은 북한 김정일에게 우선적으로 중요한 책임이 있다.

20년이 지난 현재까지도 북한 주민들은 심각한 경제적 어려움에 처해 있다. 하지만 정권 유지를 모든 것에 앞세운 김정일은 핵문제 해결에 소극적이었다. 즉 미국과 한국의 양보를 최우선 정책으로 삼았고, 결국에는 2006년 핵실험을 통해 정권 생존 전략을 확실하게 하였다. 이렇게 본다면, 2000년 김대중의 대북정책을 실패한 정책이라고 평가할 수도 없다.

대북 포용정책은 분명히 시도해 볼만한 정책이었지만, 국제관계와 북한 정권의 전략·정치구조를 볼 때 성공 가능성 역시 확신할 수 없는 정책이었다. 남한 정부의 의지와 힘만으로는 성공할 수 없는 정책이었다. 미국 부시 행정부의 대북 강경책과 김정일의 정권 유지 우선 전략으로 인해 김대중의 남북화해협력 정책은 중단되고 말았다.

■ 대북정책에 대한 국민 여론[*]

한국인의 정치의식을 구분할 때, 흔히 사용되는 분류가 진보, 중도, 보수이다. 그리고 이러한 분류를 가장 뚜렷하게 나타내는 구체적인 사안의 하나가 북한문제이다. '진보'와 '보수'는 북한문제에서 비교적 선명한 의식 차이를 나타내는데, 그 구체적인 쟁점이 대북지원과 관련된 인식이다. 그런데 2000년 이후 남북관계가 비교적 평탄했던 시기나, 북한 핵 문제로 인해 남북한의 대립이 심해진 시기에도 큰 차이가 없이 나타난다는 점이 특징적이다.

그 중에서도 북한에 대한 식량지원, 금강산관광 재개, 개성공단사업에 대해서 중도적 입장이 대세를 이룬다는 점이다. 중도적 입장은 조건부 대북지원이다. 북한에 대해 무조건적인 지원도 아니고, 지원을 반대하는 것도 아니다. 북한의 전향적인 태도에 맞춰 지원하자는 것이다. 이런 입장이 모두 55~60%에 이른다.

즉 한국민 다수는 평화와 발전에 대북지원을 연계하고 있고, 이런 중도적 여론이 다수라는 것은 한국 사회의 안정성에 매우 중요하다. 즉 한국 사회는 정치적 대립만 아니라면, 합리적이고

---

[*] 『2023년 국민 통일의식 조사』에서 인용(KBS, 2023년 발간) : 2005년부터 2023년 기간 KBS에서 실시한 14차례의 여론조사 결과.

중도적인 정책 결정이 가능함을 보여준다.

결국 정당과 정치세력은 정권 획득을 목표로 움직이는데, 이들에게 표를 주는 다수의 유권자가 중도적 성향과 정책을 선호하는 것이 문제의 해결책이 된다. 결국 정당은 다수의 표를 얻기 위해서는 중도적 정책과 통합적 자세를 가져야 하는 필요를 느낄 것이기 때문이다. 특정 정당이나 편향적인 정책을 선호하는 다수가 있는 지역은 민주주의와 전체 사회의 통합적 발전에 부정적 영향을 준다.

결국은 국가 전체가 중도적 정책을 바탕으로 사회의 안정과 통합을 이룸으로써, 더 큰 국가적 비용을 예방해야 한다. 그리고 사회통합을 추진할 수 있는 대통령의 선택이 또 하나의 핵심 해결방법이 된다. 결국은 사람이 제도를 개선함으로써 문제를 해결한다.

■ **북한에 대한 식량지원**

최근 10년간의 여론조사 결과를 보면, 북한에 대한 식량지원은 평균 59.6%(2014~2022년), 평균 65.5%(2005~2013년)가 '조건부 확대'('조건부 계속')로 응답했다. 북한이 4·5·6차 핵실험을 실시하여 '핵 위협'이 고조되면서 대북 식량지원에 대한 남한국민의 공감대도

약화되었다. 북한 핵으로 인한 한반도 정세 하에서 남한국민 다수는 대북 식량지원을 하되, 그 성과를 요구하는 조건부 지원 입장이 확고하다.

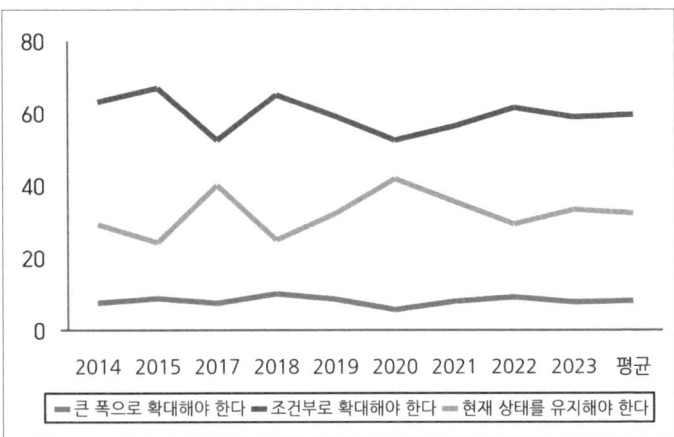

조사 시기	큰 폭으로 확대해야 한다	조건부로 확대해야 한다	현재 상태를 유지해야 한다
2014	7.5	63.2	29.3
2015	8.7	67.0	24.3
2017	7.4	52.5	40.1
2018	10.0	65.1	25.0
2019	8.5	59.1	32.3
2020	5.6	52.5	41.9
2021	7.9	56.4	35.6
2022	9.1	61.5	29.4
2023	7.7	58.9	33.4
평균	8.04	59.58	32.37

* 2014·2015·2017·2018·2019·2020·2021·2022·2023년 '현재 상태를 유지해야 한다'는 항목은 현재 거의 식량지원이 중단된 상태를 의미함.

■ 금강산관광 사업

약 20년간 진행된 여론조사 결과를 보면, 금강산관광 사업에 대해서 남한국민의 평균 60.8%가 '조건부 계속(조건부 재개)'를 선택했다. 2023년 10월 현재까지 북한 핵폐기를 기본 과제로 하는 한반도 정세에 구체적인 진전이 없다. 이에 따라 금강산 관광 재개를 비롯한 주요 대북정책에 대한 남한국민의 여론은 '조건부 지원'이나 '조건부 협력'의 입장이 분명하다.

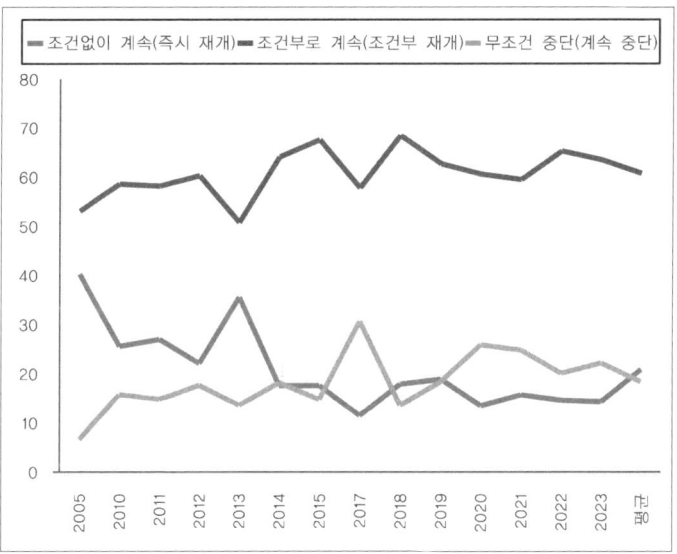

조사 시기	조건없이 계속 (즉시 재개)	조건부로 계속 (조건부 재개)	무조건 중단 (계속 중단)
2005	40.3	53.1	6.6
2010	25.6	58.6	15.8

2011	27.0	58.2	14.8
2012	22.1	60.3	17.7
2013	35.6	50.8	13.6
2014	17.6	64.1	18.2
2015	17.6	67.6	14.8
2017	11.5	57.8	30.7
2018	17.9	68.5	13.6
2019	18.9	62.7	18.4
2020	13.5	60.6	25.9
2021	15.7	59.5	24.8
2022	14.6	65.3	20.1
2023	14.3	63.5	22.2
평균	20.87	60.76	18.37

* 2014~2023년 답변항목 변경은 금강산관광사업이 중단되어 있는 상황에 맞춰 설문을 수정한 것임

■ 개성공단 사업

　최근 7년간의 여론조사 결과를 보면, 개성공단 재개에 대해 남한국민은 평균 55.2%가 '조건부 재개'를 선택했다(2017~2023년). 남한국민은 북핵문제 해결을 남북경협보다 중요한 우선 순위로 인식하고 있다. 하지만 개성공단 등 남북경협에 대한 남한국민의 관심은 매우 높다. 남한국민은 남북관계 개선의 필요성에 대한 높은 공감대를 가지고 있지만, 대북지원과 협력을 남북 사이의 평화적 관계 증진 및 한반도 번영의 지지대로 활용하고자 하는 인식을 가지고 있다.

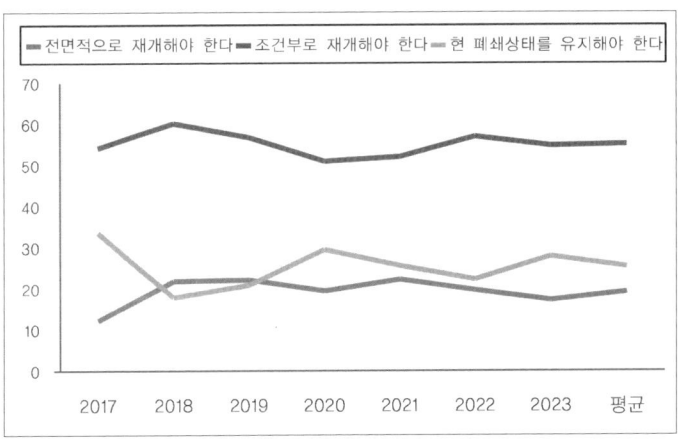

조사 시기	전면적으로 재개해야 한다	조건부로 재개해야 한다	현 폐쇄상태를 유지해야 한다
2017	12.2	54.2	33.6
2018	21.9	60.2	17.9
2019	22.2	56.8	20.9
2020	19.5	51.0	29.5
2021	22.3	52.1	25.6
2022	19.7	57.0	22.3
2023	17.3	54.8	27.9
평균	19.30	55.16	25.39

세종 주요 연표

1392년	|	조선 건국
1397년	|	한양에서 태어남
1400년	|	태종 즉위
1418년	|	왕세자 책봉. 세종 즉위.
1419년	|	이종무를 시켜 대마도 토벌.
1420년	|	집현전 확장.
1421년	|	구리활자인 경자자 완성.
1422년	|	각 도에 진제소를 두어 빈민 구제.
1423년	|	조선통보 주조.
1424년	|	악기도감에서 악기 제조.
1427년	|	박연이 편경을 만듦.『향약구급방』간행.
1430년	|	〈농사직설〉 간행.
1433년	|	파저강 야인 이만주를 토벌. 혼천의 제작.
1434년	|	자격루, 앙부일구 설치. 갑인자 제작.
1435년	|	화약고 설치.
1437년	|	경원성과 경흥성을 세움.
1440년	|	평안도에 장성을 쌓음.
1441년	|	측우기 제작.
1443년	|	훈민정음 창제.
1444년	|	전분6등, 연분9등의 세법을 정함.
1446년	|	훈민정음 반포. 소헌왕후가 세상을 떠남.
1447년	|	『석보상절』,『월인천강지곡』편찬.
1450년	|	세종대왕 세상을 떠남.

세종과 관련한 중요한 연구들

● **세종실록** : 번역본이 45권으로 출간되어 있고, 국사편찬위원회에서 인터넷으로 열람할 수 있다.

● **세종 주제 박사학위논문**
세종의 음악창제(송상섭), 세종조 의사결정 체제의 합리성 연구(오채원), 세종조 신악의 교화적 의의(염명경), 훈민정음과 세종 악보의 상관성 연구(최종민), 세종의 사람지향성을 기반으로 한 기업가 정신 연구(이홍일), 세종조의 도서 편찬 및 간행에 관한 연구(김윤식), 세종의 왕권확립과정 연구(2008), 세종대의 여진정벌에 관한 연구(장창하), 세종의 정치철학에 관한 연구(조남욱), 세종조 집현전의 기능에 관한 연구(이재철), 조선 세종대 조회아악에 관한 연구(정화순), 조선 세종대의 복지정책연구(이민수), 세종대 '가'와 '국가'에 관한 논쟁(이한수), '균화'에 관한 연구(윤병천)

● **조선전(초)기 관련 박사논문 주제와 필자**
한글보급(강유주), 궁정 악기(오지혜), 천문관측기기와 역법(민병희), 여진(한성주), 호등제도와 공물·요역(김창희), 종교정책(이종우), 조명 사행외교(강양), 무과(심승구), 유교정치사상(정재훈), 북방사민(이상협), 음직(박홍갑), 노비신분(지승종), 왕실재정(송수환), 사학(한영우), 대일 외교정책(한문종), '변경'정책(김진곤), 상업과 상업정책(박평식), 군왕의 질병(김훈), 대명공무역(강성조), 국가의례(지두환), 의료제도(한대희), 전세재정(강제훈), 중앙군(김웅호),

양계의 군사제도·국방체제(오종록), 노비정책(이지우), 국가제례(한형주), 군기감(김일환), 왕실혼(정재훈), 화폐정책(전수병), 배불사(이봉춘), 외거노비(임영정), 정치지배세력(정두희), 주자소(유대군), 수령제(임용한), 왕실불교(최재복), 외관제도(임선빈), 사관제도(오항녕), 중앙정치제도(남지대), 육조(한충희), 〈농사직설〉과 농업실태(김상태)

* 이 외에 세종과 관련된 많은 단행본과 논문이 있다.